Eduard Buchtenkirch

**Der syntaktische Gebrauch des Infinitiv in Occleve's De regimine principum**

Eduard Buchtenkirch

**Der syntaktische Gebrauch des Infinitiv in Occleve's De regimine principum**

ISBN/EAN: 9783743604568

Hergestellt in Europa, USA, Kanada, Australien, Japan

Cover: Foto ©Andreas Hilbeck / pixelio.de

Manufactured and distributed by brebook publishing software (www.brebook.com)

Eduard Buchtenkirch

**Der syntaktische Gebrauch des Infinitiv in Occleve's De regimine principum**

Der

# syntaktische Gebrauch des Infinitiv

in

## Occleve's De Regimine Principum.

Inaugural-Dissertation

zur

Erlangung der philosophischen Doctorwürde

an der Universität Jena

von

**Eduard Buchtenkirch.**

# Der syntaktische Gebrauch des Infinitiv in Occleve's De Regimine Principum.

Während die Laut- und Formlehre der alt- und mittelenglischen Denkmäler eine eifrige Untersuchung erfahren haben, hat man die Syntax geradezu vernachlässigt, zum Teil wohl, weil weder die angelsächsische noch auch die entsprechende französische Syntax genügend behandelt war, um eine geeignete und feste Grundlage für die Betrachtung der alt- und mittelenglischen Syntax bilden zu können. In den letzteren Jahren ist hier ein wesentlicher Fortschritt zu verzeichnen gewesen. Französische wie angelsächsische Denkmäler sind nach ihrer syntaktischen Seite hin einer eingehenden Untersuchung gewürdigt worden, so dass nunmehr eine geeignete Grundlage für den weiteren Ausbau der englischen Syntax vorhanden ist.

Auf dem Gebiete des Mittelenglischen hat E. Einenkel, Streifzüge durch die mittelenglische Syntax unter besonderer Berücksichtigung der Sprache Chaucers, Münster i. W. 1887, die hauptsächlichsten syntaktischen Erscheinungen zur Darstellung zu bringen versucht. Bei den wenigen Vorarbeiten auf dem Gebiete der mittelenglischen Syntax konnte der Verfasser in der That nur Streifzüge unternehmen, etwas Vollständiges und Abgeschlossenes schon jetzt bieten zu wollen, wäre wohl unmöglich. Allein trotz einer Lückenhaftigkeit bezeichnet E.s Buch einen dankenswerten Fortschritt in der Erforschung der englischen Syntax, es wirft manchen Lichtstrahl auf bis dahin dunkle Gebiete und wird vor allen Dingen anregen, das vernachlässigte Gebiet der Syntax immer mehr und mehr aufzuklären, so dass die vorhandenen Lücken und Irrtümer bald ihre Ausfüllung bezw. Berichtigung erfahren. So viel steht fest, dass jeder, der die mittelenglische Syntax zu behandeln unternimmt, E.s Arbeit nicht unberücksichtigt lassen darf, teils zur Gewinnung neuer Gesichtspunkte, teils zur Berichtigung einzelner Mängel in derselben.

Die vorliegende Untersuchung sollte sich anfangs eigentlich nur auf den Gebrauch des Infinitiv in Occleve's De regimine Principum erstrecken, indessen während der Untersuchung traten im Vergleich mit den von E. erlangten Resultaten, insbesondere rücksichtlich der Sprache Chaucers, so auffallende Abweichungen zu Tage, dass entweder meine Beobachtungen oder die E.s Irrtümer enthalten mussten; denn so grosse Abweichungen, wie sie nach E.s Forschungen vorgelegen hätten, können unmöglich bei zwei Dichtern, die doch im grossen und ganzen Zeitgenossen sind, vorhanden sein. Ich durfte daher nicht unterlassen, E.s Forschungen auf ihre Richtigkeit hin zu prüfen. Dabei stellten sich dann bald manche Lücken und Irrtümer in E.s Untersuchung heraus. Man wird im weitern Verlauf meiner Untersuchung die Ausstellungen finden, die ich zu machen habe. Da mir indessen die Werke Chaucers nicht alle zur Verfügung standen, so haben auch die in dieser Abhandlung beigebrachten Ausstellungen die Lücken in E.s Arbeit noch lange nicht ausgefüllt. Eine genauere Untersuchung der Sprache Chaucers ist unbedingt noch erforderlich.

## Der Infinitiv als Subjekt.

Da der Inf. ebenso oft als logisches wie als grammatisches Subj. vorkommt, so ist es überflüssig, hierin bei der Darstellung eine Scheidung eintreten zu lassen. Es muss jedoch bemerkt werden, dass als logisches Subj. der Inf. mit to bei weitem überwiegt, der Inf. mit for to sowie der reine Inf. sehr selten sind. Während der Inf. mit to bei Subst., Adj., transitiven, intransitiven und unpersönlichen Verben und, allerdings nur einmal, bei einem adverbiellen Prädikate steht, findet sich der reine Inf. nur bei Subst., Adj., und einmal bei einem unpersönlichen Verbum. Der Inf. mit for to ist noch seltener und steht nur bei Subst. und Adj. Als gramm. Subj. dient in der Regel it, selten this oder that. Im Folgenden sind die Belege für den reinen Inf. sowie für den mit for to sämtlich angetürt, während von den Belegen für den Inf. mit to nur einige ausgeschrieben sind, von den übrigen nur die Stelle verzeichnet wird.

### Infinitiv mit to.

a) nach Verben: And God id wote it sore me agaste To bynde me where I was at my large 53. To herken me, what shalle it hurte or greeve 7. vgl. 7, 61, 117. It not suffisethe to do no noyous dede 89. vgl. 148. To sorwe soole me thought it ded me goode 4. vgl. 87, 122, 168, 174.

b) nach Adj.: Fulle holsome were it to stynte of thy wo And take unto the spirites of gladnesse 9. vgl. 55, 79, 98, 115, 121, 122, 138, 163, 144, 165, 172, 173, 174.

c) nach Subst.: Loo! what profite is it to be pensyfe 9. vgl. 22, 29, 38, 40, 61, 69, 77, 114, 127, 177.

d) **nach adverbiellen Präd.**: Than deemed I that seurtee wold nought Withe me abide, it is not to hir pay There to sojourne, as she descende may 2.

### Reiner Infinitiv.

a) **nach Adj.**: Or a kyng swere it is fulle necessarie Avise hym wele 84. It to us most sitting is Our yates open and offre to ben his 95. fulle necessarie It is a gode purpose perfourme as blive and that ye not out of mynde it drive 175. Dieses Beispiel ist besonders dadurch interessant, dass der Inf. mit einem that-Satze wechselt.

b) **nach Subst.**: Grete wisdom were it trete faire and softe, And holden truly her convenauntes 86. Than it is to his creature shame On greef to hym done take ony vengeaunce 130.

c) **nach Verben**: Wherefore unto a kyng the more it nedethe Avise hym what he speke shalle alwey 88.

### Infinitiv mit for to.

a) **nach Adj.**: necessarie unto hym it is Barres and lokkes stronge for to have 40.

b) **nach Subst.**: it is my dotage For to have expresse or touche ony of tho 179.

### That und this als gramm. Subjekt.

Allas! thought I, what sikernisse is that, To live ay seure of greef and of noisaunce? 3. Upon the myscreauntes to make werre, And hem to feithe of Christ to bryng, Goode werre therynne, may he no thyng erre, that were a meritorie werreyiug 195. But this me thynkethe a grete abusioun, To see one walke in gownes of scarlet 16. Wie die Belege zeigen, steht in Verbindung this und that nur der Inf. mit to, jedoch findet sich bei Ch., wie aus den von E. a. a. O. p. 229 ff. angefürten Belegen hervorgeht, auch der reine Inf. bei that. He was so narwe ymarked and yknet That it undon on any maner syde That nyl nought ben IV, 295. Ueberhaupt würde sich der Gebrauch des reinen Inf. als logisches Subj. bei Chaucer etwas anders stellen als bei O., falls eine Folgerung in dieser Richtung aus den von E. gegebenen Belegen gestattet ist. So findet sich bei Ch. auch bei unpersönl. Verben der reine Inf., And thogh it happen me rehercen eft V 278, wo drei (spätere?) Handschriften von neunen aber ebenfalls to haben. Auch der Inf. mit for to findet sich als logisches Subjekt bei unpersönlichen Verben: And eke it needith nought for to devyse At every cours the ordre and servyse II 357. vgl. E. p. 231.

Bei andern Schriftstellern ist mir der Inf. mit for to als logisches Subj. bei unpersönl. Verben nicht aufgestossen, auch Mätzner kennt keinen Beleg hiertür. Zu weiteren Vergleichen von Ch.s und O.s Sprachgebrauch in Bezug auf den Inf. als logisches Subj. sind die von E. gegebenen Belege nicht ausreichend.

Was die Stellung des Inf. als logisches Subj. anlangt, so ist zu bemerken, dass er zwar in der Regel nach steht, dass jedoch die Voranstellung bei Verben durchaus nicht selten ist. vgl. die Belege auf S. 4: 7, 61, 117, Bei Adj., Subst. und adverbiellen Präd. steht bei O. der Inf. als logisches Subj. stets nach. Eine Ausnahme findet sich nur bei that. vgl. S. 5. Ob dies Stellung für alle mittelenglischen Schriftsteller gilt, bedarf der näheren Beobachtung.

Es folgt nun die systematische Darstellung der Verwendung des Inf. bei Occleve.

## I. Der Infinitiv als Subjekt.

1. Der Inf. als Subj. bei adj. Präd.

a) reiner Inf.: Take an hole clothe is best, for lesse is nought 18. But use luste for luste onely contrarie To Goddes hestes is 58. His lettre and seel, whiche more open witnesse Beren than they, is gode take hede and care That they ben kept 85. vgl. 101. 159. Comendable is counceille taken of the wise 177, or a kyng swere, it is fulle necessarie Avyse hym wele 84. O dethe, thy stroke is more agreable To me than lyve a lyfe so myserable 35. It to us most sittyng is Our yates open and offre to ben his 95.

b) Inf. mit to: And eke me lever is by many folde Thy greef to knowe 27, 176. Quyntelyan seithe that unto hye degree Unsittyng is to swere in ony wise 85. For, to fynde many fulle uncouthe is 135. That in bataile .. hym lever is to suffre dethes showr Than cowardly and shamefully flee 141. Die Auslassung von to nach than ist Regel, obwohl seine Beibehaltung durchaus nicht selten ist. Marcus Curcius lever is Riche men to have at his comaundement, Than to be riche hym self 145. Gode is to take hede of this 150. vgl. 168. For better is to slee the murderman Than suffre hym reigne 114. vgl. 165. Fulle bolsome were it to stynte of thy wo And take unto the spirites of gladnesse 9. Die Auslassung des to vor dem zweiten Inf. ist ebenfalls Regel. Vgl. E. p. 229. Hard is it to be holden suspect withe the grete 55. vgl. 121. It is knyghtly to be meke and debonnaire 122. vgl. 79, 94, 173. for unlcefulle is it to selle 98. For elles it is light to undirstonde To every man, that witte kan and resoun 164. It is the best The request to werue and voide clene 115. Fulle necessarie is othes to forbere 85. It nedefulle is to do by counseile ay 174. And truly it is fulle perelous Unto a kyng, whiche hathe a lande In governaunce, in that to be vicious 138.

c) Inf. mit for to: The oynement of holy sermonyng Hym lothe is upone hem for to dispende 52. vgl. 86. Sithen that lever hym was to forgo His dignitee 117. Whiche convenable is and covenient Unto a kyng for to savoure and taste 130. necessarie unto hym is it Barres and lokkes stronge for to have 40. Die angeführten Belege zeigen, dass bei Occleve der Inf. mit to bei weitem überwiegt. Wie das Verhältniss bei Chaucer ist, lässt sich leider aus Einenkels Darstellung nicht erkennen. Nach dieser scheint der reine Inf. bei Ch. zu überwiegen, indessen giebt E. bei der Behandlung des präpositionalen Inf. p. 240 ff. gar nicht an, nach welchen Adj. Chaucer diesen gebraucht. Wenn aus E.s Darstellung eine Folgerung zu ziehen gestattet ist, so gebraucht O. überhaupt den Inf. häufiger als Subj. bei adj. Präd. als Ch. E. führt wenigstens nur lef, loth, bet(ter), best, light, likely an. E.s Liste ist jedenfalls unvollständig. O. dagegen verwendet den Inf. als Subj. auch bei agreable, contrarie, unsittyng, gode (goode) convenable, convenient, nedefulle, knyghtly, uncouthe, comendable, wers, perclous, unleefulle, harde. Indessen findet sich der Inf. als Subj. auch bei O. am häufigsten bei denselben Adj. wie bei Ch. Likely, welches bei Ch. mit dem Inf. mit to verbunden ist, ist bei O. nur mit for to gebraucht, wenn nicht besser Acc.-c.-inf.-konstr. anzunehmen ist. Is (it!) is not likely a kyng for to stonde In his welthe but a litelle sesounc 164, wo a kyng wahrscheinlich als Subj. zum Inf. gehört, eine Konstr., die weiter unten ihre Erörterung erfährt. Light ist auch bei O. ebenso wie bei Ch. nur einmal mit dem präp. Inf. belegt. Best ben, das bei Ch. nur einmal mit dem präp. Inf. vorkommt, ist bei O. mit dem reinen wie mit dem präp. Inf. verbunden. vgl. oben. Loth ben verbindet O. (wohl nur zufällig) mit for to, während Ch. alle drei Konstr. kennt. Elliptische Konstr. des Neuenglischen wie: better end here unborn Milt. P. L. 11, 502; Best stand opon our guard Shakesp., Temp. 2, 1 u. a. (vgl. M. III, 2) kennt Occleve nicht. Er verwendet andere Konstr., z. B. best I strive nat Ageyn the peys fortunes balaunce 3. Auch persönliche Konstr. wie Thou wert better gall the devil Shakesp. John 43. vgl. M. a. a. O., finden sich bei O. ebenso wenig. Indessen ist diese Konstr. schon vor O. in Gebrauch. vgl. darüber M. III 3, der zahlreiche Beispiele aus den Town M., aus Ch. u. a. Schriftstellern anführt. Auffallend ist, dass Einenkel diese Konstr. bei Ch. nicht bemerkt hat, oder sie doch der Erwähnung nicht für wert gehalten hat.

Rücksichtlich der Verwendung des reinen und des präp. Inf. als Subj. bei adj. Präd. scheint bei einigen Adj., obwohl im ganzen der Inf. mit to überwiegt, lediglich das Versmass zu entscheiden, welche der drei Formen zur Anwendung kommt. Lehrreich ist in dieser Beziehung das folgende Beispiel: Sithen that lever hym was for to forgo His dignetee, and her helthe to conserve, than his estate kepe and hym suffre sterve 117, wo alle drei Formen in einem Satze verwendet sind.

Bei den Verben, die den doppelten Acc. regieren, wird dieser Inf. zum Acc.: He helde it bette his othe to observe, And deye in honour as a knyght sholde, Than by perjurie his lyfe to preserve 82. That holdethe no thyng more precious Than to be mercyfulle 121. So natürlich nun auch diese Konstr. klingt, so scheint sie doch wunderbarer Weise vor O. nicht vorzukommen, sie wird wenigstens weder von Ch. noch von M. erwähnt, und auch mir ist es nicht gelungen, sie vor O. nachzuweisen.

Der Inf. nach than entspricht in der Regel einem vorhergehenden Inf., seltener wird das erste Subj. anderweitig ausgedrückt: O dethe, thy stroke is more agreable To me than lyve a lyfe so myserable 35. Sehr auffallend ist die folgende Stelle: his nyggardrye Suffrethe his neighbore by hym sterve and dye, Rather than with a ferthyng hym releeve 47, hier vertritt der Inf. einen Subst.-satz e h e r a l s d a s s u. s. w. Im übrigen wechselt, wie schon oben angegeben, der Inf. mit to mit dem reinen. For to ist bei O. nicht belegt.

2. Der Infinitiv in Verbindung mit substantivischen Prädikaten.

a) D e r  r e i n e  I n f. bei subst. Präd. ist bei O. sehr selten, im Gegensatz zu Ch.s Sprachgebrauch. vgl. E. p. 229. To kepe the eke fro fornicacionn The next (sc. cause) is; and the third of that labour Yilde thy dette in whiche thou art dettour Unto thy wyfe; and other ententes alle, Ley out a part for ought that may befalle. Sonst braucht O. den reinen Inf. nur noch zwei Mal und zwar auffälliger Weise als logisches Subj., während doch sonst in der Regel der präp. Inf. in diesem Falle steht. vgl. p. 5. O. steht also hier wieder auf der altengl. Stufe, wo der reine Inf. bei subst. Präd. sehr selten gebraucht wurde. Vgl. E. p. 229. Wie die Schriftsteller nach O. sich zu diesem Gebrauche stellen, geht weder aus E., noch M., noch K o c h hervor.

b) D e r  I n f.  m i t  t o kommt bei subst. Präd. häufiger vor, namentlich als logisches Subj. Ich führe hier nur die Belege an, in welchen der Inf. als gramm. Subj. gebraucht ist, für die übrigen Belege ist p. 2 c zu vergleichen.

To write there is my custome 29. To kepe the eke fro fornicacioun The next (sc. cause) is 57. No maistrye is to the, yf thou woldest (, sic!) To be releeved 69. to save tweyne Is greter grace than to save but one. The wiche to lette is ever thy delite 147. but to seeke stories olde no nede is 190.

c) D e r  I n f.  m i t  f o r  t o bei subst. Präd. kommt als gramm. Subj. gar nicht, als logisches nur einmal vor. vgl. p. 3. Bei Ch. indessen findet er sich: for to trusten som wyght is a preve of Trouthe IV 136; E. p. 229.

3. Der Inf. als Subj. bei unpersönlichen Verben.

a) D e r  r e i n e  I n f.

h a p p e n: whan that hym happethe To chirche gone 22.

l i s t, l u s t: Imagyne why that not hir liste Withe me dele 50.

vgl. 96, 148. White suche device as the lord luste devise 103. vgl. 180.
owe, ought: hym owethe knowe His errour, and quenche that firy love 112. or a man speke or bynde hym by his sele, And hathe his fulle libertee and may chese What he wille do, hym ought avise hym wele or he promythe 80. Hym ought endowed be in sapience, And have in Armes grete experience 143. vgl. 103, 114, 119, 131, 132.
neden: For thy it nedethe taken of hem the lesse 147. vgl. 138, 140. Immer in Verbindung mit it.
deynen: That.. Fulle seelde hem deynethe bowe and enclyne 21.
sitten: A! lordes it sitte to yow, Amende this 17. Das Komma im Text ist wohl zu streichen und Amende als Inf. zu fassen. Indessen ist der reine Inf. bis jetzt nicht nachgewiesen. Bei Ch. steht immer to, sowohl an den von E. angeführten Stellen, als auch an einer andern von ihm übersehenen: I seye that yveel it sit Tassaye a wyf Clerkes T. 460. Bei einer flüchtigen Durchsicht habe ich weiter keinen Beleg bei Ch. finden können.

b) Der Inf. mit to.

lust: Right so yf the luste to have a remedie Of theyne annoye 10. vgl. 54, 57, 148.
owe ought: Every man owethe to studie and muse 90, wo owethe allerdings auch persönlich sein kann. vgl. p. 12. Hem ought to be mirrours of sadnesse And weyve jolite and wautonesse 52. vgl. 49. Auch ohne Objektskasus wird ought gebraucht: the foole large . . yevethe there as ought not to be 166. vgl. 85.
like: If that the like to ben esed wele 6. Unto your grace like it to promote my povre estate 157. vgl. 170, 175.
behove: A kyng, . . ., behovethe to enquere of hem that han his estate 92.
loth: Hym lothed not his precious body to sprede Upon the croce 120.
thynken: To sorwe soole me thought it ded me goode 4. But this me thynkethe a grete abusioun To see one walke 16. Aber im Relativsatze folgende Konstr. thy witte . . . whiche that me thynkethe is ferre fro the went 6.
sitten: It sitte hym to ben of wordes mesurable 87.
longen, For to hem longethe it, . ., To wayve crueltee and tyrannye And to pitee her hertes bowe or wrye And reule her peple esily and faire 122. vgl. 168.

c) Inf. mit for to.

lust: Yf that us lust for to sue thy grace 27. vgl. 41, 77.
byhoven: To teche his brother what thyng is for to do, And what byhovethe for to refuse 90.

**apperteynen**: It apperteynethe a kyng for to be a kyng in verray sothe and existence 174.

Einige von diesen bei O. vorkommenden unpersönlichen Verben hat E. bei Ch. nicht belegt gefunden; es sind like, owe, ought, loth. Dennoch kommen sie vor. Sehe was honoured as hir ought (Ch. C. T. 8996) How that them oughte to have grete repentance. (ib. p. 164 I) wel more us oughte Receyven al in gree that god us sent. The Clerkes T. 1150. Of this Tragedie it oughte ynough suffyse The Monkes T. 3648. vgl. The Clerkes T. 132. Uebrigens findet sich owe, ought auch sonst vor O. unpersönlich, so dass dieser keineswegs vom althergebrachten Sprachgebrauch abweicht, wie man aus E.s Darstellung zu schliessen verleitet werden könnte. vgl. M. II, 204; III, 6; wo übrigens noch hinzuzufügen ist, dass nicht nur das Prät. ought, sondern auch das Präs. oweth unpersönlich gebraucht wird. Auch like ist bei Ch. unpersönlich gebraucht, z. B. And if yow liketh alle by oon assent Now for to standen at my juggement Prol. 777. Now herkneth, if yow lyketh for to here The Monk's Prol. 3173. Für loth und apperteynen habe ich bei Ch. kein Beispiel finden können, auch M. giebt keins. Avaylen, das von E. hierhergezogen wird, ist wohl kein unpersönliches, sondern ein transitives Verbum. Es ist ferner zu bemerken, dass Ch. das unpersönliche deynen auch mit to gebraucht, vielleicht öfter als ohne to; ich habe wenigstens zwei Beispiele in den C. T. gefunden: Him deyneth not to sette his foot to grounde The Nonne Pr. T. 360. For with no venim deyned him to dye The Monkes T. 3324, während E. nur ein einziges Beispiel für den reinen Inf. aus Ch. sämtlichen Schriften beibringt. Der Inf. mit to ist insofern bemerkenswert, als das franz. daigner den reinen Inf. erfordert. Auch seem gebraucht Ch. E.s Beobachtung entgegen mit mit dem präp. Inf., z. B. But sodeynly he loste his dignetee, And lyk a beste hym semede for to be Monkes T. 3360. Ch. verbindet auch noch andere von E. nicht erwähnte unpersönliche Verben mit dem Inf., z. B. To asken help thee shameth in thyn herte Man of Law's Prologue 101. For unto such a worth man as he Accordede not, . . ., To han with sike lazars aqueyntaunce. It is not honest, it may not avannce, For to delen with no such poraille Prol. 343 ff. Bei repenten, das ebenfalls unpersönlich gebraucht wird (vgl. or sore it shalle repent the) habe ich weder bei Ch. noch bei O. den Inf. gefunden, obwohl er nach der Natur des Verbums zu erwarten wäre. Auch das unpersönliche rewen habe ich nicht mit Inf. gefunden, wohl aber mit Opt-Satz: Me reweth sore I am un-to hir teyd 102.

Es bleibt noch zu erwähnen, dass bei O, wenn anders E.s Darstellung als im wesentlichen massgebend betrachtet werden darf, die Verwendung des präp. Inf. zugenommen hat. Bei Ch. ist der reine Inf. die Regel — nur einige (jüngere?) Handschriften haben to — bei O. ist der präp. Inf. ebenso häufig als der reine, bei einigen Verben — like, thynken, loth und vielleicht auch sitten (vgl. p. 7) ist

nur der präp. Inf. belegt. Der Inf. mit for to ist bei Ch. ganz selten: E. giebt nur einen Beleg für das Verbum neden p. 231, nach dem übrigens auch to steht, wie E. entgangen ist. vgl. Prol. 462.
4. Auch bei trans. und intransitiven Verben findet sich der Inf. als Subj., in der Regel als logisches, nur zweimal als gramm.: To take ensample of this it shalle not greve 117. To herken me, what shalle it hurte or greve? 7. To see the flesche first, it may no thyng dere 61. And God it wote sore me agaste To bynde me where I was at my large 53. It not suffisethe to do no noyous dede 89. Of verray folye also it procedethe To yeve the unworthy 148. It lithe not in the powere, pore goste, To bele me 7. aber als gramm. Subj. In the lithe not to redresse my noyaunce 7. And this to amende axethe no grete coste 101. In allen Belegen steht der Inf. mit to. E. hat diesen Gebrauch des Inf. überhaupt nicht in den Bereich seiner Untersuchung gezogen. Indessen mag hierhergezogen werden, das von ihm bei den unpersönlichen Verben angeführte avaylen. vgl. p. 231.
5. In Begleitung von einem adverbiellen Präd. ist der Inf. bei O. nur einmal und zwar als logisches Subj. mit to zu beobachten: it is not to hir pay there to sojourne 2. Auch bei Ch. findet sich hier der reine Inf. nicht.
6. Bei einem unpersönlich gebrauchten Part. Perf. Pass. kommt bei O. der Inf. nicht als Subjekt vor, indessen findet er sich so bei Ch., was allerdings von E. übersehen ist: Now is me shape eternally to dwelle Nought in purgatorie, but in helle = Now am I destined, litterally, now is it shapen for me. Knightes T. 368 And if so be my destiné be shape By eterne word to deyen in prisoun Ib. 250. Hiermit vgl. Ther is the shapen of thy wo an ende Ib. 534. 'Allas!' she seith, 'that ever I was shape To wedde The Monkes Prol. 3099.

## II. Der Inf. als prädikative Bestimmung.

Die Verwendung des Inf. als präd. Bestimmung ist bis jetzt im Altengl. nicht nachgewiesen und findet sich auch bei Ch. sehr selten, obwohl häufiger als E. p. 231 angiebt; denn ausser den hier citirten Belegen giebt M. III, 22 noch zwei andere. E. hat offenbar nur den zweiten Teil von M.s Gramm. über diese Konstr. eingesehen, nicht auch den dritten; er würde sonst wohl nicht die irrtümliche Behauptung aufstellen, dass M. nur Belege aus dem Neuengl. anführe, zumal ausser den aus Ch. genommenen Belegen noch einer aus Wright A. Halliw., Rel. Ant. I. 39 von ihm angeführt wird. Bei O. ist die Verwendung des Inf. als präd. Bestimmung verhältnismässig häufig. Die von M. und E. angeführten Belege bieten nur den Inf. mit to, O. hat, obwohl der Inf. mit to überwiegt, auch den reinen Inf. sowie den mit for to.

a) Reiner Inf.: Withoute doute, a marchauntes desire Is withe gode hert his kyng honour and plese, And to his myght to refresche and done hym ese 86. Zu beachten ist der Wechsel des reinen mit dem präp. Inf. . . for thy desire is less, Falle in the dannger of lambes humblesse, Than be withe cruelle wolves alle tofrete 116. Gregory seithe pacience verray Is of harme done to man softe suffraunce, And not be wrothe by no maner of way Whithe hym that hathe done a man noisaunce 124. The vertu is of liberalitee, Yeve and dispende in tyme and place due 168. And whan his lust was withdrowe the floode Of welthe, and at the grounde ebbe sette me, With povertee for my gilt me feffede he 25.

b) Inf. mit to: His moste desire is to be solitarie 4. To wynne honour was onely the purpose Whiche that I toke 41. The kynde is ever of wrecchede covetise, To coveite ay and have and not suf fise 43. Our custome is no children to assaile 94. His crafte is ay to sustene the wrong side, And fro vertu his lord to divide 106. Pitee nought elles is . . but . . werk of man to fonde To helpe hym that men seen in myschief smert 108. The kynd of pacience is to sustene Mightily wronges, and hem never wreke, But foryeve hem and wrathe and irons tene Out of the hert for to spere and steke. Hir kynde is not to lete a worde out breke That harmfulle is. (Gregorius dicit, Paciencia vera est aliena mala equanimiter pati, et contra eum, qui mala irroget, nullo dolore moveri etc.) 125. Her nature is to kepe and not dispende in tyme and place due 168. To gete pees holsom is the labour, And kepe it welle 186. To wynne worldly tresour and richesse Is of your stryfe your longe contynnannce 192. Zuweilen ist es übrigens, wie z. B. in den letzten beiden Beispielen, (Gefühlssache, ob man den Inf. als Präd. oder Subj. fassen will. Zuweilen vertritt der Inf. in diesen Erklärungssätzen mit dem Verb be einen Absichtssatz: The cause why they to Rome hym sent Was to do to Romayns her message 81.

c) Inf. mit for to: hir usage is for to flitte fro place to place 50. Begynnyng of wisdom is God for to drede 174.

Sätze wie Than- to be good is to be happy (Rowe, Fair Penit. 3, 1; M. III, 22) oder Have is have (Shakesp., John I, 1; M. III, 1), in denen Subj. wie Präd. aus einem Inf. besteht, finden sich bei O. nicht. Auch nach dem Verbalbegriffe scheinen, erscheinen gebraucht O. nirgends den Inf., sondern nimmt das unpersönliche it seems mit andern Konstr., z. B. Wherfore it seemethe the needethe a guyde 8. Die persönliche Konstr. begegnet nach M. erst in der jüngeren Sprache. vgl. M. III, 22. Ch. gebraucht seem einmal persönlich, aber ohne Hinzufügung des Verb. subst. to be: for his tale sholde seme the bettre The Squieres T. 102.

### III. Der Inf. im adverbialen Verhältnisse.

Wir betrachten zunächst den Inf. bei trans. Zeitwörtern, zu denen auch die sogenannten Hülfsverben zu ziehen sind.

1. Die unselbständigen Prädikatsverba will, shall, may, must, can, die einer näheren, konkreten Bestimmung durch einen Inf. bedürfen und seit ältester Zeit den reinen Inf. bewahrt haben, werden auch bei O. mit diesem verbunden. Nur einmal findet sich bei may der präp. Inf.: What kyng dothe more excessif dispences Than his lande may to suffise or atteyne, Shall be destroyede 158. Indessen ist dieses keine Eigentümlichkeit O.s, findet sich vielmehr, wenn auch recht selten, bei früheren Schriftstellern. Man wird daher berechtigt sein zu der Annahme, dass in dem von E. p. 233 angeführten Belege — And certes, you to haten shall I nevere — to die richtige Lesart ist, obwohl eine Handschrift es streicht, eine andere es durch ne ersetzt. Ob auch noch nach O. der präp. Inf. sich gelegentlich bei diesen Verben findet, geht aus M.s Darstellung nicht hervor. vgl. M. III, 4. In der folgenden Stelle — Crist hym self, ..., To love and preche and teche it hathe wolde — ist wullen als trans. Verb. mit der Bedeutung wünschen zu fassen. Es liegt ein Acc. c. Inf. vor, indem entweder der Subjektsacc. zu ergänzen ist, oder die Inff. passiv zu fassen sind. Wie bei Ch. so mischt sich auch bei Occleve wullen mit den Formen von willian, übernimmt dann die Funktion eines Begriffsverbums und erfordert als solches den präp. Inf. — For who so willethe to be contynent, Many a luste superflu mote he lete 137. Every man willethe to ben exaltate, Thoughe he be grethe, yit hier wolde he go 187. Auch im folgenden Satze — So longe, sone, as in the privé seel Dwelt hast, and woldest so fayn han be avauncede Unto some chirche or this, I deme wele, That God wolde not have the en hauncede In no suche plite 53 — ist woldest offenbar Begriffsverb, aber nicht mit to, sondern, was ebenfalls altenglisch mit dem reinen Inf. verbunden. Auffallend ist der Inf. Perf., der mir sonst bei wullen als einem Briffsverb nirgends aufgestossen ist. Bemerkenswert ist die folgende Stelle — If lordes wolde in this wise, For to do suche gownes to hem make as men did in olde tyme, I undirtake The same jette shulde up be take and usede, And alle this costelleue and outrage refused 19 — wegen des Inf. mit for to nach wolde. Die Form willing findet sich bei Occ. nicht, ebenso wenig bei Ch. Sie scheint, da auch M.s Belege alle aus dem Neuenglischen stammen, erst späterer Zeit anzugehören. Auch das altenglische mon, mun, moun findet sich bei O., und zwar mit dem reinen Inf. wie im Altengl. — Thise worthy men mowe it wele use and have 16. They mowe it not eschewe by no wey 49. men moven ay done as hem list 129. Dieses Verbum wird übrigens auch von Ch. gebraucht, obwohl weder M. noch E. einen Beleg dafür giebt: That we to yow mowe telle our hevinesse, The Clerkes T. 95. They mowe wel ben biwailled or compleyned ib. 530. And yet they mowe here lustes not amende, The Knightes T. 2208.

Hieran schliessen sich einige andere Verba, die zum Teil als Hülfsverba, zum Teil als Begriffsverba gebraucht werden:

Dare findet sich nur mit dem reinen Inf. — We dare none argument Make ageyn hym 55. Ne we ne dar not lete hym of it knowe ibid. vgl. 87. O. folgt also dem alten Sprachgebrauch, während bei Ch. bereits die Präp. to eindringt. For J that God of Loves servaunt serve, Ne dar to love for myn unliklynesse sc. IV 108. E. p. 233. Im Neuengl. wird die Form des defectiven V. durst mit dem reinen Inf., das schwache Verbum dare, dared in der Regel mit to verbunden, ausgenommen I dare say.

Need, das im Neuengl. so häufig, im Altengl. dann und wann persönlich gebraucht wird, ist von O. ebenfalls nur einmal persönlich gebraucht — A welle also, at whiche many folk her water fecche, Nedethe to have the larger mouthe 167. Wir haben den präp. Inf., wie gewöhnlich im Altengl. vgl. M. III 6. E. führt aus Ch. keinen Beleg für den persönlichen Gebrauch von needen an, auch mir ist es nicht gelungen einen solchen zu finden.

Owe, ought drückt die Verbindlichkeit aus und erfordert nach M. III 6 ursprünglich den Inf. mit to. O. kehrt sich ebenso wenig wie Ch. E. p. 233 an diese Ursprünglichkeit, bei beiden ist der reine Inf. die Regel und to die Ausnahme. The cause why men ougthen thider gone 22 vgl. 34, 57, 83, 85, 97, 98, 128, 131 He of his peple owethe be so chere 141. Aber der Inf. mit to — A kyng ought of worde to be stedefaste 84. Why a kyng ought to bataile hym hie 141. Thou broughtest not clayme ne propertee of thyng that ought comon to be. Every man owethe to studie a muse 90. Übrigens könnte in den für den präp. Inf. beigebrachten Belegen, ought, auch unpersönlich gefasst werden, während bei den Belegen für den reinen Inf. nur in drei Fällen eine solche Auffassung möglich, in den übrigen 7 Fällen ausgeschlossen ist. Es steht daher sicher fest, dass bei dem persönlichen ought der reine Inf. die Regel ist, so weit O. in Frage kommt. Dies gilt auch für Ch., wenn E.s Beobachtungen massgebend sind. Im übrigen muss bemerkt werden, dass ought bei weitem häufiger ist als das Präs. owe, welches nur zweimal vorkommt. vgl. oben. Die Verwendung des Präs. owe findet sich bei Ch. nach E. 233 nicht. Dass es dennoch unpersönlich vorkommt, ist bereits p. 7 gezeigt; dass es auch persönlich vorkommt, ist wahrscheinlich, da es sonst sowohl vor Ch. wie auch nach ihm vorkommt, mit dem reinen Inf. sowohl als auch mit dem präp. vgl. M. III 6. Wenn anders M.s Behauptung von der Ursprünglichkeit des präp. Inf. begründet ist, so ist es interessant zu beobachten, wie bei ought erst nach Jahrhunderten die ursprüngliche Konstr. mit to wieder die regelmässige und jetzt allein richtige geworden ist.

do. Der Gebrauch von do als Hülfsverb liegt im Altengl. noch ganz in der Wiege, obwohl Belege schon früh vereinzelt auftreten. Vgl. M. II 62; III 11.

Selbst bei Ch. hat E. nur einige wenige Belege gefunden, denen sich indessen die von M. II 62 bezw. III 11 angeführten und vielleicht noch andere hinzufügen lassen. Es muss zunächst bemerkt werden, dass do weder in Frage- und Verneinungssätzen, in denen jetzt der Gebrauch von do die Regel ist, noch in Heischesätzen sich bei O. findet, obwohl schon vor ihm sich hierfür vereinzelte Beispiele finden. vgl. M. a. a. O. Dagegen ist es sonst zur blossen Verstärkung des Verbums nicht selten, und zwar der Erwartung gemäss, da die Verwendung von do in dieser Form am ältesten ist. — Thow doost me more anoye than thou wenest 7. how fortune hade shape hym that he did see 155. As scripture dothe expresse 131. And now thre elles of clothe hym do suffise 192. I sey not alle lordes men thus do ete 56. Auch für die dem Altengl. eigenthümliche Verbindung von do mit let bietet O. noch einen Beleg: He lete do crye amonge his meyne That . . None be so hardy 133. E. hat solche Beispiele bei Ch. entweder übersehen oder nicht der Erwähnung für wert gehalten. He let don sle hem C. T. 7620. He leet the feste of his nativitee Don cryen thurghout Sorray The Squires T. 45. In allen Belegen gebraucht O. dem Alteugl. gemäss den reinen Inf. In — I dye innocent, I do the knowe 93 — hat do die Bedeutung lassen und regiert den Acc. c. Inf. vgl. unten p. 22 f.

g i n. Dieses Verbum und teilweise b e g i n ist nach E. 233 bei Ch., wie überhaupt im Mittelengl. der Stellvertreter des neuengl. to do. Auch das Angels. onginnan soll nach K ö h l e r p. 35 öfter als auxiliares als Begriffsverbum Verwendung finden, doch giebt er zu, dass der subjektiven Auffassung eines jeden ein weiter Spielraum zu überlassen sei. Auch im Got. (A. K ö h l e r p. 432) und Alts. (Steig. p. 331) hat dieses Verbum viel von der Natur eines Hülfsverb an sich. Für O. gilt E.s Beobachtung nicht mehr, bei ihm tritt deutlich das Beginnen der Handlung hervor. In der fragenden und verneinenden Satzform, in der im Neuengl. to do gebraucht wird, hat O. gin niemals angewandt, ebenso wenig Ch., so weit ich habe feststellen können. In dieser Beziehung bedarf E.s Behauptung der Berichtigung, dagegen dient sonst wohl gin bei Ch. zur Verstärkung des Verb wie do in Aussagesätzen, wie ich bestätigt gefunden habe. Aus O. könnte höchstens — To whiche the fader gan replye tho 99 — hierhergezogen werden, da das einfache replyede sachlich vollständig genügen würde. In allen andern Belegen tritt das Beginnen deutlich hervor, und to do dient wie im Neuengl. zur Verstärkung des Verb. Es mag hier gleich bemerkt werden, dass der reine Inf. wie bei Ch. überwiegt, der Inf. mit for to findet sich bei O. nicht, wohl aber bei Ch., obwohl von E. nicht erwähnt — The queen anon for verray womnmanhede Gan for to wepe The Knightes T. 890. Es folgen die Belege aus O.

a. r e i n e r l n f.: Besily in my mynde I gan resolve 1. vgl. 5, 24, ib., 44, 115, 117, 132, 133, 134. b) Inf. mit to — whan day gan at my wyn dow in to prie 99 vgl. 128, 107, 134.

Gin hat also bei O. bereits viel von seiner früheren Natur eines Hülfsverb verloren.

**b.** Der reine Inf. nach intrans. Verben der Bewegung findet sich bei O. sehr selten, nur zweimal nach go — ye shalle go dyne withe me truly 72. And douteless yf that fordone be lawe, A prynces power may go pley hym thenne. Beide Male steht dem regelmässigen altengl. Gebrauche gemäss der reine Inf. Sobald dagegen der Zweck deutlicher hervorgehoben werden soll, steht der präpositionale Inf. (to od. for to): whiche (sc. doughter) withe her moder walked on a day Not seithe the bocke whider, ne what to done 123. Onte of the toune he sped hym on his wey . ., To warde the kyng, of grace for to prey 83. Bette is tho peples eres thurst and renne Her kyng or princes wordes for to here 87. Das Part. Präs., das schon im Angels. neben dem Inf. zur näheren Bestimmung der Verben der Bewegung diente (vgl. March § 458, 2; M. III 68; Köhler p. 70) findet sich bei O. nicht belegt. Doch findet sich dieses Part. sowohl im Altengl. als auch im Mittelengl. vgl. M. a. a. O. u. E. p. 272. Das Nichtvorkommen desselben bei O. wird also als Zufall zu betrachten sein. Das Part. Perf., das sich im Angels. bei diesen Verben findet, und das sich noch in den deutschen Wendungen — er kam gelaufen, gegangen u. s. w. — erhalten hat, kommt bei O. nicht mehr vor. Auch von den sonstigen mannigfaltigen und interessanten Gebrauchsweisen, die E. p. 238 f. als bei Ch. vorkommend erwähnt, findet sich bei O. nichts. Ganz besonders auffallend ist es, dass O. die erste Person Plur. von go nicht mehr in dem Sinne von let gebraucht zur Bildung des Konj., analog dem angels. wutan: wutan gangan tô — let us advance B. 2648 (9); utan tôbrecan — let us break (Psa., ii, 3). Andere Beispiele bei Köhler p. 28. vgl. Lat. eamus, It. audiamo, Fr. allons. Schon bei Layamon findet sich in der Regel statt uten der Konj. mit we — lete we þeos ferde bilaeve and speke we of Arđure — let we (us) this host remain and speak (we) of Arthur (25407) vgl. March § 443, 8. Occleve verwendet let ausschliesslich und zwar nicht we Layamon lete we, sondern bereits wie das Neuengl. z. B. Lete us not fro God twynne 13. Nur bei go bildet er nicht let us go, sondern go we: Go we fast hens, lest that his vengeaunce Falle on us 46. Vgl. E. p. a. a. O. — Go we then soupe — u. a. Belege. Ob irgend ein anderer Schriftsteller zur Zeit O.s, oder nach ihm go noch im Sinne von let us verwendet, ist mir nicht bekannt, M. giebt keinen Beleg dafür. Zur Bildung des Futurum, wie es im Angls. nach March § 415, 4 dienen soll. hê gaeđ raedan — he is going to read (Aelfr. Gr. 25) ist go von O. nicht verwandt. Übrigens scheint mir in dem von March citierten Beispiele gar keine futurale Bildung vorzuliegen. Das lat. pergit lectum erfordert vielmehr he goes on reading. Auch sonst ist mir go nirgends als zur Bildung des Futurum dienend aufgestossen. Die Redensart he is going kennt O. nicht.

Sobald der Zweckbegriff bei den Verben der Bewegung vollständig zurücktritt und nur die Zuständlichkeit oder eine die Bewegung

begleitende Handlung charakterisiert wird, tritt das Part. Präs. ein:
by hym wenten they Castyng stones unto hym 125.

e. Der Inf. steht als Objekt bei transitiven Verben.

1. Der Inf. steht wie im Neuengl. (M. III 23) bei einer Reihe von Zeitwörtern, welche vorzugsweise die Thätigkeit der Vorstellung, des Denkens, sowie die Äusserung desselben bezeichnen, wie denken, meinen, hoffen u. s. w.

α. Reiner Inf.

thynken: That never thynke I his wages deserve 65. vgl. 76, 82, 122, 167, 170. I whilom thought Have ben a preest 52.
hopen: But never I hope sure be of that place 27.
wenen: Ye ben not whome I wend han founde 28.
knowen: I node but calle bir frende, whan that she esethe, And calle hir foo, whan she man displesethe 50.

β. Inf. mit to.

thynken: Of whiche (sc. boke of governaunce) and of Giles of Regement of Prynces plotmele thynke I to translate 74. vgl. 108, 124, 147, 175.
hopen: Yet hope I to see his heir 17. vgl. 153.
wenen: For whan a man wenethe to stonde most constant 3. vgl. 15.
knowen: And (sc. sche) knewe wele to be dede 8. whan I knewe not what povert was to sey 25.
trusten: Ad trustest sone a riche man to be 9.
menen: For to slee alle this world thou hast yment 71, obwohl for to auch als zusammen gehörig gefasst werden könnte. So biddethe pees, and that to folwe I mene 184.
supposen: Where he supposethe money to grope 97.
lernen: A man may lerne to be wise and ware 76. vgl. 90. Kommt auch bei Ch. vor, obwohl von E. nicht erwähnt: That lerned in that scole yeer by yere Swich maner doctrine as men used there, This is to seyn, to singen and to rede The Prioresses T. 1688 ff.
sweren: ye shalle unto me swere the lawes to kepe 107. vgl. 157. sent was he to Rome . . Sworne to retourne to Cartage ageyn 81.
waiten: They (wommen) wolden waite to be equipolent . . . unto her husbondes 183, findet sich auch bei Ch. augenscheinlich in derselben Bedeutung: He weepeth, weyleth, cryeth pitously. To slen himself he wayteth pryvely. The Knightes T. 363 f. Von E. nicht erwähnt.

γ. Inf. mit for to.

lernen: But yf desese algates shalle betide, for to be pacient I rede thow lere 45; 120.

**thynken:** But never thought I in alle my yonge lyfe What I falsly gate for to restore 24.

**wenen:** he wende for to dey 123.

Aus den Belegen geht hervor, dass der Inf. mit to bei weitem überwiegt. In der ältern Sprache war der reine Inf. häufig, im Angels. Regel. Nach E. p. 235 gebraucht Ch. nach thynken nur den reinen Inf., allein E. irrt. — Ryght so thenke I to serve him prively The Clerkes T. 641. Für hopen bei Ch. giebt E. nur einen Beleg, in dem der Inf. mit to steht. Zwei (ältere?) Handschriften streichen to. Dass die Lesart ohne to ebenfalls richtig sein kann, beweist der oben p. 15 gegebene Beleg aus O. unzweifelhaft. Im Angels. ist nach E. nichts über hope zu finden. Supposen ist wie bei Ch. von O. nur mit dem Inf. mit to gebraucht. To know, das bei O. entsprechend dem altfr. saveir — savoir mit dem reinen Inf., aber auch mit dem präp. gleich altfr. saveir à gebraucht ist, findet sich bei Ch., soweit meine und E.s Beobachtungen gehen, überhaupt nicht in der Inf.-Konstr. Er gebraucht statt dessen witen, aber nicht nur mit dem reinen Inf. wie im Angels. wie E. p. 237. angiebt, sondern auch mit to — Noght wiste he what this latin was to seye The Prioresses T. 1713. Indessen kann man über diese Konstr. in Zweifel sein: Es ist möglich, to seye als Obj. von wiste, und what this l. was als Obj. von seye zu fassen; man kann aber auch was to seye zusammenfassen, und what this l. w. to seye als Obj. von wiste ansehen. Vor O. scheint to know mit dem Inf. überhaupt nicht belegt zu sein. Der Inf. mit for to nach den Verben des Denkens und der Vorstellung scheint am wenigsten in Gebrauch gewesen zu sein. Neben dem Inf. gebraucht O. wie andere Schriftsteller selbstverständlich auch andere Konstrr. z. B. Plukke up thyne hert, I hope I shalle the cure 6. Im Anschluss an diese Verben mag auch noch folgende Stelle einer näheren Betrachtung unterworfen werden: I have herd seide in kepyng of richesse Ish hought and wo 9. Wir haben hier das Part. Perf. nach hear. Bisher ist ein solcher Fall, so viel ich weiss, nirgends für das Mittelengl. beobachtet worden. Im Angels. steht nach hyran der reine Inf. — swâ we sôdlice seegan hyrdon Beoo. 273. vgl. ib. 581, 875. In allen Sätzen hat, wie Köhler richtig bemerkt, der Ausdruck etwas Formelhaftes. Das Alts. weist dieselbe Konstr. auf (Steig p. 336 f.), dagegen findet sich im Got. und Ahd. nichts Ähnliches. (vgl. Köhler p. 42.) Ch.s Gebrauch deckt sich mit dem angels., nur steht bei ihm der Inf. stets nach. (E. p. 237.) Alle diese Inff. sind durch Ergänzung eines Acc., der sich leicht aus dem Zusammenhang ergiebt, als Acc. c. Inff. zu erklären. Bei den übrigen Verben der Wahrnehmung wird der Subjektacc. niemals ausgelassen. So war es schon im Angels. (vgl. Köhler a. a. O.). Im Neuengl. findet man nach hear eine doppelte Konstr., den Acc. c. Inf. activi, resp. Acc. c. Part. Praes., wenn das Personen-Obj. bestimmt ist — I heard him say (saying) — den Acc. c. Part. Perf. Pass., wenn das subj. Personen-Objekt unbestimmt gelassen wird — I have often heard it said he was at the bottom a good man (Cooper, Spy 14). Das Beispiel aus O. unterscheidet sich von diesem letzteren Satze nur durch Auslassung von it, die im Neuengl. nicht mehr eintritt, im Mittelengl. aber die Regel gewesen zu sein scheint; wenigstens findet sie sich auch an einer, (allerdings von E. übersehenen), Stelle bei Ch. — For wel she had herd seyd, that thilke day The markis sholde wedde The Clerkes T. 278. Für das Angels. und Altengl. ist diese Konstr. bisher nicht nachgewiesen.

2. Der Inf. steht als Obj. bei Verben, welche eine Willensbestimmung, sowie bei denjenigen, die einen Affekt bezeichnen.

α. Reiner Inf.

list: But yf thou ... liste not to my lore the confourme 8. vgl. 50, 82, 171.

desiren: thei desirede more Good loos than good 41 vgl. 82. A day shalle come some men perchaunce Desire shalle, he never hade ben richer Than here han hade his bare sustenannce 48. Hier wechselt der Obj.-Inf. mit einem vollständigen Objektsatze.

recken: what kyng not . . rekkethe do hym (sc. God) disobeissaunce 178.

bisien: Even as a man is ever in werre and strife That bisiethe hym withstande a man whiche he Not may 181.

arten: And wolden (sc. they) han arted this knyght repele 106?

peynen: ‚What prynce‘, kothe he, ‚peynethe not wynne His knyghtes love, his love is to hym thyne 119. Ist peynethe persönlich oder unpers. gebraucht? Peynen endeavour ist sonst bei O. und Ch. stets reflexiv gebraucht. vgl. unter β.

dreaden: What kyng not dredethe God offende 178. Auch als reflexives Verb mit dem reinen Inf. A kyng ought . . in tho causes drede hym not dye 140.

have lever: prefer gehört ebenfalls hierher: Pride has wel lever bere an hungry mawe to bedde than lakke of aray outrage 19. vgl. 34. 172. Stets mit dem reinen Inf., während bei Ch. auch der Inf. mit to und selbst for to steht. E. p. 232.

β. Inf. mit to.

desiren: To our lord . . Shalle they desire to ben egalle 13. vgl. 60, 117, 112.

wilnen: Die Belege sind bereits p. 11 gegeben. In allen steht der Inf. mit to. Im Angels. stand der Inf. mit und ohne to. Aus Ch. bringt E. p. 235 nur einen zweifelhaften Beleg für den reinen Inf. bei. Dass Ch. gleich O. sonst stets den Inf. mit to gebraucht, scheint E. entgangen zu sein, da er es sonst doch mit Rücksicht auf den angels. Gebrauch hätte erwähnen müssen.

studien: Fro the more to the lesse hir trace To sewe studien men 161. franz. s'etudiera. Bei Ch. scheinbar nicht mit dem Inf. verbunden, obwohl sonst bei ihm belegt

recken: No more I hat sette verraily ne rought A wyfe or maide or another to defoule, Than to shete or pleye at the balle or boule 24. Not rekkest thow To rebelle agein God 190. vgl. 188.
listen: But who so luste to disporte hym in that same, lete hym contynewe 36. vgl. 176, 166.
deynen: he deyned it not to gete 40. vgl. 54. Der präp. Inf. auffallend, da da franz. daigner den reinen Inf. zu sich nimmt. Zu bemerken ist hier ferner, dass O. deynen sowohl persönl. wie unpersönl. gehraucht, während Ch. soweit meine und E.s Beobachtungen gehen, nur die unpersönliche Konstr. kennt.
dreden: Thy flatterers .. Dreden to suffre 93. vgl. 100, 165, 188.
purposen: In whiche I purpose eke to laboure ywis 76. vgl. 130, 155, 174. purposyng hym to bete it to the erthe adoune 83.
peynen: Desire of goode a kyng mote ley apart, And peyne hym to purchase hym a goode fame 147.
shapeu: There is no wight that she shapethe to deceyve 171. vgl. 153. She shapethe hir alle the worlde to enbrace 161.
chosen: He rather chese to be disobedient To his vengeable wille, and his othe kepe than be forsworne of that he swore so depe 84.
fonden: Pitee nought elles is . . but werk of man to fonde to helpe hym . . 108.
mcnacen: the lakke of your presence Menacethe me to sterve in indigence 32.
casten: thoughe men casten hem hir to begile 171.
γ. Inf. mit for to.
desiren: They desiren for to be unknytte 60.
listen: He that is liberalle not luste so wele for to receyve ony goode or catelle As yeve 166.
dreden: we Not dreden for to offende his majestee 191.
purposen: whiche that out of this ile Purposethe fully for to fare and wende 89.
plyen: Yf thyne hert myght han plyed For to observe it wele 53.
bewaren: Lete hym beware to have no delite In punyschyng of the defendour 98.
menacen: Thy self menacethe thy self for to dye 190.

Bei den Verben des Wollens und der Affekte ist zunächst zu bemerken, dass O. einige gebraucht, die bei Ch. entweder gar nicht, oder doch nicht in dieser Konstr. belegt sind: menacen, bewaren, studien und das persönliche deynen. Indessen ist hier grosse Vorsicht geboten, da E.s Untersuchung Lücken aufweist. So hat er z. B. das persönlich gebrauchte list gar nicht erwähnt — whan that fortune list to glose The Monkes T. 3330, vgl. ib. 3185, 3709. An diesen drei Stellen könnte es aber auch unpersönlich gebraucht sein; nicht so in den folgenden Belegen: who so list hem for to rede ib. 3509, und mit reinem Inf. For he to vertu listeth not entende. Ausser list finde ich bei E. nicht verzeichnet, obwohl sie vorkommen: **peynen**: And peynede hir to don that she myghte The Clerkes T. 976. vgl. Prol. 140. **recken**: Now rekke I never to ben deed ryght here The Clerkes T. 1090. In hire presence I recche not to sterve The Knightes T. 540. Über **deynen** vgl. p. 34 β. Dreden: Ne I ne desyre no-thyng for to have, Ne drede for to lese, save only ye. The Clerkes T. 507 f. Ob dreden auch bei Ch. mit reinem Inf. vorkommt, vermag ich nicht festzustellen. Für plyen habe auch ich bei Ch. keinen Beleg gefunden; dagegen findet sich **chesen** mit dem Inf. mit to: this Seneca the wyse Chees in a bath to dye in this manere Rather than han another tormentyse The Monkes T. 3705 ff. Ebenso **shapen**: He shoop up-on this queen to do vengeaunce The Monkes T. 3543. aber auch reflexiv, mit for to: that shapen hem this citee for to winne The Squires T. 214. vgl. Prol. 772. **longen**: This markis in his herte longeth so To tempte his wyf The Clerkes T. 451. **assuren**: ye me assure To worshipe hir ib. 165. **purposen**: Ryght so this markis fulliche hath purposed To tempte his wyf, as he was first disposed ib. 706. Hierher gehört auch **profer** = offer, promise: But ther as ye han profred me this day To chese me a wyf, I yow relesse That chois ib. 152. Das reflexive **casten**: Jolyf and glad they wente unto here reste, And casten hem ful erly for to sayle The Nonne Prestes T. 254 f. **asken**: Ne I ne aske nat to mowe to have victorie The Knightes T. 1381 what asken men to have? ib. 1919. **conspyren**: Fro thennes forth the Jewes han conspyred This innocent out of this world to chace The Prioresses T. 1755. **assenten**: Wherfor of my free wille I wol assente To wedde me, as soone as ever I may The Clerkes T. 150 f. Inwieweit Ch. noch andere von E. nicht erwähnte Verben des Wollens, der Absicht und der Affekte mit dem Inf. gebraucht hat, vermag ich nicht festzustellen. Die Konstr. von vouchafe bedarf noch kurz der Erwähnung, da E. noch p. 236 nicht imstande war, dieselbe festzustellen. Wie der folgende Beleg zeigt, wird es auch mit dem präp. Inf. verbunden: That he wolde vouchesauf for to doon so Prol. 812.

3. Der Inf. steht ferner bei einigen anderen Verben, die eine auf ein Objekt gerichtete Thätigkeit ausdrücken. Belege sind nicht so häufig, wie im Neuengl., wie überhaupt die ältere Sprache sparsamer ist im Gebrauch des Inf. Sämtliche Belege zeigen den Inf. mit to. Nur bei begynnen steht auch der reine Inf. wie im Angels., aber nur einmal: Of whome as blive faire in his language Of his estate enqueren he began 64. Sonst to: The whiche, whan youthe is past, begynnesthe to flee 31. vgl. 88, 89, 95, 165. Sonst hat O. nur noch folgende mit dem Inf. verbunden: Some mannes mouthe yit wolde I were shitte, That vice to womman sparethe not to bewrey 136. And more for to kepe His thoughtes stynten, here and there to kepe 165. Thoughe he to venge hym tarye 159. thy might may not atteyne To hele me 7. to us moste sittyng is Our yates for to open

and offre to ben his 95. offre könnte auch unter No. 2 erwähnt werden. Der Inf. mit for to scheint bei diesen Verben nie im Gebrauch gewesen zu sein, wenigstens ist es mir nicht gelungen dafür, einen Beleg zu finden. Sonst stehen andere Konstrr. z. B. What men that twenty yere and more In writyng hathe contynuede, as I have 37. Wir haben hier das Gerundium mit Praep., nicht wie im Neuengl. ohne Praep. Dieses Beispiel kann zugleich neben den von Blume, Ursprung des Gerund. im Engl., Bremen 1880 p. 24 ff. beigebrachten Gründen als Beweis dienen, dass die Verbalform auf 'ing' nach diesen Verben nicht als Part. sondern als Gerund. anzusehen ist. Zur Unterstützung von Blumes Ansicht dient ferner folgender Beleg aus Ch. He can nat stinte of singing by the weye. The Prioresses T. 1746. Aber auch das reine Gerundium ohne Praep. findet sich um diese Zeit bereits: The heraudes lafte here prikyng up and doun The Knightes T. 1741. Den Gebrauch des Inf. bei diesen Verben hat E. überhaupt nicht berücksichtigt, nur die Konstr. von begin erwähnt er, obwohl Ch. auch andere Verben dieser Klasse mit dem Inf. verbindet: Ne shal the gost with-in myn herte stente To love yow best with al my trewe entente The Clerkes T. 972. ib. 94. For which he hath deserved to be ded The Knightes T. 868. foryeten: If I foryete to telle the dispence Of Theseus ib. 1025. vgl. ib. 1056. vgl. auch M. III. 26. wo noch ein Beleg für cessen gegeben wird.

## IV. Der Accusativ mit Infinitiv.

Die verschiedenen Ansichten über die Entstehung und Auffassung des Accusativ mit Inf. auseinanderzusetzen, würde hier zu weit führen und für diese Untersuchung ohne Nutzen sein*). Das Wesentliche in den nunmehr anzuführenden Stellen besteht darin, dass der vom Praedikatsverb abhängige Kasus zugleich Subjekt des Inf. ist. Theoretisch liesse sich derselbe teils auf einen Dativ, teils auf einen Acc. zurück führen; doch halte ich eine gesonderte, dieses berücksichtigende Behandlung nicht nur für unnötig, sondern sogar für störend. Es mag hier gleich vorweg bemerkt werden, dass bei den Verben des Bittens, Aufforderns und ähnlichen der Objektskasus öfter aus dem Zusammenhange zu ergänzen ist: They a grete somme of golde hym sent, and preide Withdrawe his seege 145. To every chirche and recluse of the toune Bade he yeve eke of golde quantitee 156. they bade tho keyes deliver hem unto 156. Crist hym self, I the ensure, To love and preche and teche it hathe wolde 39, wo entweder his dis-

---

*) Das Wesentliche über den Acc. c. Inf. findet man zusammengestellt bei C. Krikau. Der Acc. mit d. Inf. in d. engl. Sprache, bes. im Zeitalter d. Elisabeth. Gött. 1877. p. 1. ff. u. Köhler a. a. O. p. 49 ff. In beiden Abhandlungen sind die bedeutenderen, den Acc. c. Inf. betreffenden Werke angegeben.

ciples zu ergänzen ist, oder die Inf. passiv zu fassen sind = wished it to be loved preached and taught.
### A. Als Objekt.
1. Der Acc. c. Inf. bei den Verben sinnlicher und geistiger Wahrnehmung.
heren: As ye herd me sey 6. vgl. 67, 45, 127.
seen: To see one walk in gownes of scarlet 16. vgl. 37, 40, 66, 108, 111, 153. 194.
herken: to herken me thus jangle and clappe 38.
spien: But I ne sawe, ne I ne spied, never Also longe as I have lyved yit, The love of hem departen or dissever 59.
finden: they had found So grete justice in this duk abounde 95. Hier haben wir unzweifelhaft den Acc. c. Inf. wie im Angels., wofür E. bei Ch. keinen sicheren Beleg zu geben weiss. vgl. E. a. a. O. p. 237. Doch muss zugegeben werden, dass bei O. andere Konstr. bei diesem Verbum überwiegen, z. B. in bookes thus written I fynde 3. I foude the soole and thy wittes echone Were fro the fledde 8. But wele I fynde your good wille alwey Redy to me, in what ye kan or may 68. u. s. w.

Zuweilen steht auch wie in jeder Periode der engl. Sprache das Part. Perf. bei diesen Verben. Über I have herd seid vgl. p. 16 f. Whan Cesar emperour upon a day Pompey sawe before hym ledde and bound 117. Das Part. Praes. kommt jedoch nicht bei O. statt des Inf. vor, was indessen wohl nur als Zufall anzusehen ist, da diese Konstr. sowohl vor wie nach O. gewöhnlich ist. Eine Auslassung von to be bei dem Part. Perf. anzunehmen, wie E. thut, halte ich nicht für nötig. Das Part. ist einfach mit dem Objekt in praedikativer Weise verknüpft, wie es bereits zu allen Zeiten Brauch war. vgl. M. III 87. Auf der anderen Seite lässt sich nicht verkennen, dass das Part. Perf. oft mit dem passiven Inf. sich nahe berührt.

Wie aus den gegebenen Belegen hervorgeht, kennt O. nur den reinen Inf. bei diesen Verben. Im Angels. steht ebenfalls nur der reine Inf. Köhler p. 61 M. III, 15. Im Altengl. jedoch kommt nach den Verben der Wahrnehmung to vor, obwohl sehr selten. M. III, 15 giebt nur zwei Belege: Thei herden him to have this signe (Wycl. Joh. 12, 18), He hird lome to telle (Wright, Polit. S. p. 197). To know, das schon im Angels. in der Regel den Inf. mit to hatte, wird mit Unrecht von M. hierher gezogen. Für das Mittelengl. führt noch E. p. 237 einen Beleg mit to an: Prudence had herd hir husbonde to avaunten him of his riches to III, 179. Feynen und techen sind mit Unrecht von E. hierhergezogen, da sie keine Verben der Wahrnehmung, sondern des Denkens sind und als solche in der Regel to erfordern. Aus dem Nicht-Vorkommen des Inf. bei O. dürfen wir jedoch nicht folgern, dass zur Zeit O.s derselbe nicht zur Anwendung gekommen sei, denn der Inf. mit to wurde nach ihm besonders im Zeitalter der Elisabeth ziemlich häufig gebraucht, häufiger als im heutigen Englisch. Der Inf. mit to hingegen ist nach diesen Verben bisher nicht nachgewiesen worden. Dass bei O. nach den Verben der Wahrnehmung auch andere Konstrr. als der Inf. vorkommen, wie dies zu allen Zeiten der Fall war, braucht hier nicht weiter ausgeführt zu werden. Rücksichtlich des Gebrauchs des Inf. muss aber noch festgestellt werden, dass nur der Inf. Act. vorkommt, beim Passivum steht das Part. Perf. in präd. Weise p. 21. Ebenso findet sich niemals der Inf. von to be. Andere Konstr. treten ein, entweder die prädikative wie bei fynden (vgl. p. 21) oder Substantivsätze: I sawe wele povertee was conclusioun Of alle wele-faring reignyng in mankynde 3. Thou secst alle day the begger is releved 9. Im Neuengl. steht der Inf. pass., ebenso to be mit anderen Ergänzungen, aber niemals der reine Inf. Auch der Inf. Perf. kommt bei O. nicht bei diesen Verben vor, ob er sich sonst findet, vermag ich nicht festzustellen. Zu den Verben der Wahrnehmung kann man auch have in der Bedeutung im Bereiche seiner Wahrnehmung oder Erfahrung rechnen: Yf he wolde have his reigne endure and last 112. Übrigens könnte man wolde have auch als Verb. des Wünschens fassen, der Beleg wäre alsdann weiter unten zu erwähnen.

2. Der Acc. c. Inf. bei den Verben des Bewirkens, Machens, Gestattens und Hinderns.

a) Reiner Inf.

suffren: For wele I wote that hir brotil constaunce A wight no while suffre kan sojourne In o plite 3. vgl. 47, 81, 101, 114, 117.

leten: And yf ought leve, than lete me have parte 7. vgl. 16. Ye wole it lete aside slippe and falle 38. vgl. 55, 71, 79, 150 u. s. w. Leten hat oft wie im Neuengl. die Bedeutung eines blossen Hülfsverb (let = mögen) und dient zur Umschreibung des Konj. Lete the devines of hym spekc and muse 12. What hye estate that a man represent, Humble to be lete hym sette his entente 129. How that they ferde, lete it passe and go 151. vgl. 17, 33, 36, 68 u. s. w. So auch bei Ch. z. B. The Knightes T. 33 f. Lat every felawe telle histale aboute, And lat see now who schal the soper wynne. — Lete us not fro God twynne 13. vgl. 13, 57 u. s. w. Dass Ch. für let mit der 1. Plur. wie in diesem Beleg meistens go we anwendet ist schon oben p. 14, b. gesagt worden. Let hat auch die Bedeutung von make, oder had mit dem Part. Perf. — the kyng lete for tene Crucifye hym 93. = had hym crucified. Im Altengl. gewöhnlich.

don: whan they of Egypt see the, there wole they seye 'Thow art his wyfe', and for the do me deye 61. Yf lordes wolde in this wise, For to do suche gownes to hem make, As men did in olde tyme, I undirtake The same jette shulde up be take and usede 19. Der Objektsacc. ist, wie öfters, bei do zu er-

gänzen. Thow kanst do bette than thou wolt do me know 67,
to putte other men in remembraunce Of his persone I have
here the likenesse Do make to this ende in sothefastnesse 179.
Ein weiterer Beleg wurde bereits p. 13 gegeben. Im Neuengl. ist in solchen Sätzen to have mit dem Part. Perf. eingetreten, wie oben bei let, nachdem don in der Bedeutung
lassen = bewirken ausser Gebrauch gekommen war.
causen: That thow .. causest hem to peyne eternalle go 111.
  b) Inf. mit to:
suffren: Then suffre me withe the to talke a while 6. vgl. 32,
  101, 105. To have his wille we suffren hym and lete 55.
maken: he made Urye slayne to be 63. He bade men .. make
  his sone to be sette therynne 97. And so alle nyght he made
  hem to abide 152, 159, 189, 12, 15, 12.
causen: Mercy Crist caused to ben incarnate 120. they causen
  bothe body and soule to dye 138. whiche causethe me to live
  in langour 157.
putten: Thou seest wele, age hathe putte me to declyne 72.
letten: he lettethe for no shame His harmes and his poverte to
  bowrey to folk 10. The thewes vertuous, that to it longe,
  Wacchen my gost, and letten hym to slepe 77.
restreynen: To telle how hir benygnitee restreynethe The
  fervent bete that the herte peynethe, Wreche crueltee to
  take 124. Hier entspricht der Inf. dem neuengl. Gerund. mit
  from = from taking.
hindern kommt weder bei O. noch bei Ch. vor; schilden findet
  sich bei Ch., nicht aber bei O.
wernen: Allas! of tho That wernen vertu so to be promotede 189.
  c) Inf. mit for to.
maken: This makethe many a couple for to smerte 60. I made
  hem for to gape and gane 157.
suffren: crueltee hir foo may but a throw Hym suffre for to live
  in ony welthe 32.

Aus den Belegen geht bervor, dass O. bei let nur den reinen
Inf. gebraucht, während sonst im Altengl., obwohl ganz vereinzelt,
auch der Inf. mit to sich findet. Belege bei M. III, 13. u. E. p. 255.
Das Neuengl. stimmt mit dem Gebrauche bei O. Maken verbindet O. alter Gewohnheit gemäss in der Regel mit dem reinen Inf.,
obwohl bei ihm wie bei seinen Vorgängern der Inf. mit to nicht selten
ist. Der Inf. mit for to ist von ihm wie von andern nur ausnahms-
weise gebraucht. Belege aus andern Schriftstellern bei M. III, 59.
E. p. 255. Bei andern Verben dieser Art hat O. den Inf. mit for to
nur noch einmal bei suffren, obwohl er sich vor ihm wohl auch gelegentlich bei causen findet. vgl. M. u. E. a. a. O. Aus Schriftstellern
nach O. ist mir kein Beleg für den Inf. mit for to bekannt. Auch M.
giebt keinen Beleg. Es scheint als wenn bereits um diese Zeit der

Inf. mit for to in Wegfall kam. Bei suffren ist der reine Inf. ebenso
häufig, wie der Inf. mit to, während im Neuengl. der Inf. mit to allein
berechtigt ist. Bei Ch. überwiegt nach E. p. 236. der praep. Inf.
Bei causen ist wie im Neuengl. der Inf. mit to häufiger als der reine.
Don in der Bedeutung lassen, bewirken hat bei O. nur den reinen
Inf., auch da, wo wie im Neuhochdeutschen „Ich thue dir zu wissen"
der Objektskasus einem Dativ entspricht: I dye innocent, I do the
knowe 93. Die ältere Sprache gebrauchte in diesem Falle immer to.
Vgl. M. III, 12. Auch sonst kommt im Altengl. u. Angels. der Inf.
mit to nicht selten vor. Vgl. M. a. a. O. E. p. 255. This makethe
us that we may not thene 56, wo wir eine Vermischung zweier Konstrr.
haben. Schon bei dem im Angels. ausschliesslich gebrauchten dôn
konnte der Acc. c. Inf. in einen Subst.-satz aufgelöst werden: Dôd
þät þât men sitton Joh. (Joh. 6, 10.) An unserer Stelle ist nun dieselbe Konstr. angewendet, aber mit Belassung des Obj. der Acc.-c.-
Inf.-Konstr. und mit Wiederholung desselben als Subj. des Neben-
satzes. Diese Konstr. ist indessen nicht einzig bei O., auch bei seinen
Vorgängern finden sich solche und ähnliche Konstrr. Belege bei M.
III 31. E. p. 255 f. Schliesslich muss noch bemerkt werden, dass
die Verben maken und causen bei weitem häufiger sind als don, auch
bei Ch. scheint dieses der Fall zu sein, wenn anders man aus den
von E. angeführten Belegen einen Schluss ziehen darf. Leider sind
aber die Belege nicht vollständig verzeichnet. So fehlt: And for to
don his ryte and sacrifise, He est-ward hath upon the gate above,
In Worschipe of Venus, goddesse of love, Don make an auter and
oratorye The Knightes T. 1047 ff. But natheles this markis hath
doon make Of gemmes, set in gold and in asure, Broches and ringes
The Clerkes T. 253 ff. I wot wel she wol do me slee som day Som
neighbor The Monkes T. 3107 that I frely may, As me best thin-
keth, do yow laughe or smerte, The Clerkes T. 352 ff. 'Do come',
he seyde, ‚my minstrales And gestours for to tellen tales Sir T h o p a s
2035 f. Ne never myghte her foo-men doon hem flee The Monkes
T. 3507. That they for hunger wolde doon him dyen Ib. 3618.
Diese Belege habe ich mit Leichtigkeit in den C. T. gefunden. In
allen steht der reine Inf. Nach E.s Darstellung sollte man annehmen,
dass der Inf. mit to bei Ch. häufiger wäre als der reine, was ent-
schieden nicht der Fall ist. Eine bemerkenswerte, von E. ebenfalls
nicht erwähnte Stelle bei Ch. ist diese: but god, of his mercy, And
your benigne fader tenderly Hath doon yow kept The Clerkes T.
1096 f., wo don mit dem Part. Perf. verbunden ist, wenn man nicht
Auslassung von to be annehmen will, was kaum berechtigt scheint,
da der Inf. Pass. nirgends vorkommt, sondern durch den Inf. Act.
vertreten wird. vgl. oben The Clerkes T. 253 ff. The Knightes
T. 1047. Zur Erklärung der obigen Stelle kann O.s Sprachgebrauch
herbeigezogen werden, der bei make ebenfalls das Part. Perf. gebraucht: Lest he report amys and make us shent 55. The gredy

hert . . bathe many a womman made clothede in sable 187. Auch das Part. Praes. findet sich im Sinne eines Adj. There is no thyng, . . , makethe a knyght so shynyng in renoune, whan that . . 116. Diese Partt. werden am besten praedikativ zu fassen sein, wie nach den Verben der Wahrnehmung, sowie nach have, hold, count und einigen andern, nach denen das Part. schon in der früheren Sprache praedikativ gebraucht wird, selbst schon im Angels. vgl. M. III 87, wo sich auch einige Belege für make mit dem Part. Perf. finden. Im übrigen ist diese sprachliche Erscheinung bei diesen Verben niemals einer näheren Beobachtung unterzogen worden. Geten = bewegen, bewirken, das sich bei Ch. findet (E. p. 255) ist bei O. nicht belegt. Give im Passiv neben make, das sich bei Shaksp., Scott, Bulw. findet, z. B. As I am truly given to understand I. Henry IV. 4, 4 hat O. nicht, ebensowenig das Passivum von let, für das M. III, 35 Belege aus Cowp., Coler. u. Butl. Hud. giebt. Wohl aber findet sich make im Passiv: Partie is made to venge her cruelle ire 100, das sich aber auch sonst schon neben dem bei O. im Passiv nicht belegten don im Altengl. findet. vgl. M. III 35.

3. Der Acc. c. Inf. nach den Verben der Vorstellung, des Denkens und der Äusserung desselben.

Nach diesen Verben findet sich bei O., wie überhaupt in der älteren Sprache der Acc. c. Inf. sehr selten. Bei O. nur ein sicherer Beleg. Trustyng his welthe durable to be 74. An anderen Stellen ist wohl besser ein Subst.-Satz ohne that anzunehmen, zumal in den wenigen sicheren Belegen aus dem Altengl. der Inf. mit to steht, mit Ausnahme von: ech hem other wenden ben biraft Ch. IV. 279 (E. p. 254), wo der reine Inf. wohl dadurch seine Erklärung findet, dass hem other als reflexives Objekt näher zu wenden als zu ben biraft gehört und obendrein voransteht, so dass streng genommen auch dieser Beleg nicht hierher gehört. Die übrigen wenigen von E. a. a. O. gegebenen Belege von hopen, wenen, holden können ebenso gut als Subst.-Sätze gefasst werden. So hat O. den Subst.-Satz bei deemen: althoughe ye deeme I hem deprave 29. witan: I wote wele in hye vertu ye abounde 28. wenen: Many men, fader, wenen that writyng No travaile is, they holde it but a game 36. Es muss allerdings zugegeben werden, dass allerdings in den wenigen Belegen im Angels. der reine Inf. steht. M. III, 29. Auf der andern Seite findet sich aber weder bei hopen noch bei holden in der alten Sprache ein Acc. c. Inf. Auch bei wênan ist der Acc. c. Inf. nur einmal belegt, gewöhnlich steht ein Subst.-Satz (Köhler p. 56 f.), der sich bis ins Neuengl. erhalten hat. Es folgen nun die zweifelhaften Belege: And whan the dedes slepe fallethe atte laste On hym, he dremethe theves come in, And on his coffres knokke, and ley on faste, And some of hem unpyke withe a sotelle gynne, And up is broke lok, haspe, barre, and pynne, And in the hande gothe, and the bagge outtakethe 40. Die Worte And up is brok lok etc. zeigen wohl zur Genüge, dass wir auch in theyes come in etc. einen Subst.-Satz und nicht einen Acc. c. Inf. zu sehen haben. Ein Konstructionswechsel wäre zu hart. I sey not alle lordes men thus do etc. 56. Die folgende Stelle könnte als Beleg dienen, wenn man Ellipse von to be annimmt: He that pretendethe hym (to be) of most nobley 32. of most nobley ist aber wohl richtiger praedikativ zu fassen, eine Ausdruckweise, die bei diesen Verben überhaupt die gebräuchliche gewesen zu sein scheint: The philosofre prevethe avarice Wel wers than prodigalitee 165, wo im Neuengl. sicher to be stehen würde. Die lat. Vorlage hat: Probat philosophus . . quod avaricia pejor est prodigalitate. Soviel steht jedenfalls fest, dass O. den im Neuengl. so ausgebreiteten Gebrauch des Acc. c. Inf. nach den Verben der Vorstellung des Denkens etc. noch nicht kennt. Erst allmählich scheint infolge romanischen und besonders lateinischen Einflusses sich diese Konstr. heraus gebildet zu haben. Dass im Neuengl. auch die Subst.-Sätze noch häufig sind, bedarf kaum der Erwähnung; Belege sind unnötig. Gleich bei der Einbürgerung dieser Konstr. seheint dem Mfranz. entgegen der Inf. mit to die Regel gewesen zu sein: croirait fermement les peines d'enfer estre telles C. 5, 18. On complaist plus aux gens de qui on espère la puissance et auctorité accroistre Com. 6, 13 se jugea n'estre digne d'estre roy Com. 7, 11 estimant la gloire estre sienne Com. 1, 14. Auch der konjunktionslose Subst.-Satz kann keinen grossen Einfluss auf die Bildung der Konstr. des Acc. c. Inf. gehabt haben, es würde sonst wohl der reine Inf. öfter anzutreffen sein. Als die fragl. Konstr. sich einbürgerte, muss man die Praep. to bereits als organisch zum Inf. gehörig gefühlt haben, denn von einem Zweckbegriff konnte bei den fragl. Verben nicht die Rede sein. Es mag hier noch hinzugefügt werden, dass sich bei Ch. der Acc. c. Inf. noch bei einigen von E. nicht erwähnten Verben findet: Thanked be Fortune, and hire false wheel, That noon estate assureth to ben weel The Knightes T. 68 f. This is thy doughter which thou hast supposed To be my wyf The Clerkes T. 1065. Bei beiden Verben steht der praep. Inf.

4. Bei weitem häufiger ist der Acc. c. Inf. nach den Verben des Gebietens, Anregens, Bewegens u. s. w.

a) Reiner Inf.

bidden: His age it seethe and bitte hym it eschewe 22. Aristolle . . beware hym bitte. The duke . . bade the chyldren lede hym ageyne To her faders 95. vgl. 76, 96, 97, 107, 160. Nach bid (beden) gebraucht O. auch den Dativ, es folgt alsdann aber nicht der Inf., sondern eine andere Konstr. z. B. And to Abymeleche God bade he sholde Yilde Sarra also to hir husbonde 63.

forbidden: Forbade myne eres usen her office 5. But mercy hym forbade ony blode shede 124.

prayen: Then pray I the unto the towne the spede, And it de

stroye, both in lengthe and brede, Have on it no pitee, but alle doune caste, This I pray the that it be done as faste 84.

Besechen: Beseche hym of his gracious noblesse The holde excusede of thyne innocence of endityng 196. I beseche your magnificence, Yewe unto me benigne audience 77, wo yeve auch als Imp. gefasst werden könnte und von dem Herausgeber in Anbetracht des Komma auch gefasst zu sein scheint. Auch in der folgenden Stelle könnte man den Imp. annehmen: And hertily I pray yow and beseche What I first to you spak be not displesede 27. Wie denn überhaupt Imp.-Sätze bei den Verben des Bittens, namentlich wenn diese nachstehen, oder in den Satz eingeschoben werden, sehr häufig sind.

desiren: If ye desire men her hertes bende To you 178. Ein zweifelhafter Beleg, da bende auch Opt. sein kann. Auch bei Ch. kein Beleg.

wullen: Auch hier nur ein zweifelhafter Beleg: He that Almighty is dothe alle his liste, He wole his kunnyng hidde be, and not wiste 13. E.s Belege aus Ch. sind ebenfalls zweifelhaft. Der aus dem Altengl. Luc. 1, 62 herangezogene Beleg: hwaet he wolde hine genemnede beon: ist offenbar ein Latinismus. Auch der von E. p. 254 aus Ch. für wilnen gegebene Beleg ist zweifelhaft, umsomehr als wilnan fast stets den Inf. mit to erfordert, und ein Beleg für den reinen Inf. bei diesem Verbum überhaupt noch nicht beigebracht ist. Auch bei list ist wohl ein Opt.-Satz anzunehmen: Largesse onely not luste golde servaunt be Unto hir self, but she wolde Hade as godê part of hir service as she 148. Ich glaube daher, dass man in allen diesen zweifelhaften Fällen bei den Verben desiren, wullen und wilnen Opt.-Sätze anzunehmen hat. Alle drei Verben bezeichnen ein mit einer Gemütsstimmung verbundenes Wollen. Nach den Verben der Affekte gebraucht aber das Alt- u. Mittelengl. den Acc. c. Inf. noch nicht, erst später werden Verben wie wish, desire, like, dislike, bear, apprehend, detest, abhor etc. mit dem Acc. c. Inf. konstruirt und dann steht in allen Fällen der Inf. mit to, selbst bei wullen, vgl. p. 11 u. 17. Die Konstr. des Altfr. vouloir u. desirer hatte auf das Mittelengl. noch keinen Einfluss geübt, wird also wohl mit Unrecht von E. p. 254 zur Erklärung heran gezogen.

reden: He his lorde it (sc. defaute) redethe weyve 160.

graunten: God graunte knyghtes rubbe awey the ruste Of covetise, yf it hir hertes caukir 144.

arten: Goode wille me artethe take on me the peyne 78.

counceylen: Sithen they that not were of cristen bapteme Counceilede men eschue lecherie 132. And thus he mote counceile his brother, lo, Do that right is 90.

stiren, meven: Yf he stire you and and meeve Your jewels ley in wedde 176.

b) Inf. mit to.

bidden: he bade men thus to sey 44. vgl. 128. And biddethe us to douten no thyng 55.

forbidden: but thy benygnetee Forbade thyne hande to kithe crueltee 125.

highten: This good lord hight hym to be suche a mene To his fader 12.

reden: syn ye me rede to do so 71. He that redethe you your peple to oppresse 176.

counceilen: But counceile hym to trotte unto the wyne 140. His brother ought hym counceile and rede To correcte and amende his wikked dede 90.

provoken: For love of meede hym provokethe therto, And rightwisnesse no thyng, so to do 97. Hier haben wir vor dem Inf. noch ein hinweisendes Adv. entsprechend dem deutschen dazu. Dieser Fall ist sehr selten, doch habe ich auch bei Ch. noch einen Beleg dafür gefunden: And eek my wit suffiseth nat ther-to To tellen al; wherfor my tale is do. Merchaunt's End-link 2439 f. E. hat diesen Fall nicht erwähnt, ich habe auch in keiner andern Gramm. eine Bemerkung über diesen Fall gefunden. Der Gebrauch solcher hinweisenden Adv. vor dem Inf., der sich im Deutschen so reich entwickelt hat, ist im Englischen im Keime erstickt, das Gerundium ist meistens hier eingetreten.

Besechen: Besekyng humbly his faderhede It to conferme 105. vgl. 107, 123, 145, 195.

prayen: His doughters to assoile her question hym preide 154. O lady seint Anne Thy doughter pray to beseche hir sone 193. Prayen mit dem Dativ und dem Inf. wie bei Ch., obwohl von E. nicht erwähnt, findet sich bei O. nicht. she preyeth pitously To every Jew . . To telle hir The Prioresses T. 1790.

graunten: And graunte hem to piche in suffisaunce an ankir 144. And so to do God, the auctour of trouthe, You graunte 86. God I beseche your hert to enlumyne And graunte you to governe you so 145.

vouchen: God of heven vouche I to recorde 66.

comaunden: The duk comaundede His handes hym behynde to be bounde 95 hym . . that comaundethe this gilty man dede to be 114.

bringen: dredyng lest plentee Of golde myght bryng hem to myserie, And from the knowleche of God to varie 44.

wissen: Wisse me to gete a golden salve, And what I have I wole it withe you halve 45.

**enablen:** while thow art here in this worlde transitorie, Enable the to wynne eternalle glorie 47.

**stiren:** That man yborne is in a blissed hour, Whom that pitee, deserte, or kyndnesse Stiren to yeve or mynystre hym secoure 168.

**humblen:** Mercy .. humblede hym (sc. Crist) to take our bretherhede 120.

**bolden:** And yf a kyng do suche murdrers grace Of lyfe he boldethe hym efte to trespace 112.

**tellen,** bewegen, überreden: The cause why men oughten thider gone Not conceyve kan his wilde steresshe hede: To follow it also bote is it none to telle hym, for thonghe men sowen sede Of vertu in yong men it is dede. 22.

**techen** mag ebenfalls hierhergezogen werden: thou techest folk to have in hem pride 164. Bei Ch. immer mit dem reinen Inf. mit einer Ausnahme. vgl. E. p. 238.

c. Inf. mit for to.

Der Inf. mit for to kommt nur vereinzelt bei diesen Verben vor, obwohl man ihn nach den Verben, die eine Bestimmung, Anregung Aufforderung enthalten gerade erwarten sollte: have ye no pitous bloode, That may yow stire for to do goode 34. so that nede for to begge me compelle 44. But this povert counceilede he For to desire that was necessarie To fode and clothe 44. Dieses sind ausser highten die einzigen Verben, nach denen O. for to gebraucht. Bei highten ist der Inf. mit for to auffällig: ye highten me in ese for to setle 64, da hâtan im Angels. stets mit dem reinen Inf. verbunden wurde. Es ist mir auch nicht gelungen einen weiteren Beleg dafür zu finden. Der Inf. mit to findet sich allerdings schon lange vor O.

Was nun zunächst die Zahl der Verben dieser Klasse anbetrifft, nach denen O. den Acc. c. Inf. gebraucht, so ist sie gewachsen im Vergleich mit den von Ch. so gebrauchten Verben. Dieser kennt nach E. p. 238 u. 253 ff. nur techen, reden, conseylen, bidden, prayen, requeren, chargen, bysceken, (wullen, wilnen vgl. p. 27 f.), denen allerdings noch das von E. nicht erwähnte comaunden und streynen, constreynen beizufügen wäre: The sentence, and juggement that Melibe wolde comaunde to be doon on hem Ch. p. 165 II; vgl. Sir Thopas 2029, The Monkes T. 3351 The Clerkes T. 739. An einer andern Stelle mit Dativ und Inf. And heer-up-on he to his officers Comoundeth for the feste to purveye Te Clerkes T. 190. Holy chirche by juggement streyneth him to doon open penaunce Ch. C. T. p. 185 II. vgl. The Nonne Prestes T. 422 My peple me constreyneth for to take An other wyf, The Clerkes T. 800. Von diesen hat O. nicht: requeren und chargen, streynen und constreynen, dagegen verwendet er mehr: forbidden, graunten, arten, stiren, meeven, highten, provoken, vouchen, bringen, wissen, enablen, bolden, restreynen, letten, wullen. Von diesen ist sicher nur highten schon früher so gebraucht, für die übrigen ist bisher kein Beleg beigebracht. M. III, 30 belegt als früher schon vorkommend noch: or deynen, eggen, usen, driven. Ausserdem führt er noch zwei angels. Belege an: God naene man ne neáda tò syngigenne A. S. Homil. I, 114. Ic .. gebfgde min mòd tò fästenne Ps. 34, 12. Zur Zeit O.s scheint also die Inf.-Konstr. bei diesen Verben sehr im Steigen begriffen gewesen zu sein, hatte aber noch lange nicht die Ausdehnung wie im Neuengl. gefunden, wo sie noch bei einer Menge anderer Verben zur Verwendung kommt. z. B. order, dictate, appoint, apprehend, entreat, implore, instigate, constrain, induce motion, invite, tempt, urge, incline, encourage, lead, sentence etc. etc., wie denn der Inf. überall da verwendet werden kann, wo der Praep. to eine Stelle zukommen würde. Vgl. M. III, 30. Dazu kommt noch die sich erst nach O. einbürgernde Verwendung des Acc. c. Inf. bei den Verben des Wollens, Wünschens und der Affekte, wie desire, wich, apprehend, like, dislike, want, bear u. s. w. Einen vollständig sicheren Beleg bietet weder Ch. noch O. bei diesen Verben.

Bei den meisten der oben genannten, nach den O. den reinen Inf. braucht, ist er alter Gewohnheit gemäss gestattet, nur bei graunten, reden, arten, stiren, meeven und counceilen ist er auffällig, da die Verben, welche die Anregung des Obj. zu einer Thätigkeit bezeichnen, seit ältester Zeit den Inf. mit to zu sich nehmen, wie sie im Franz. meistens à erfordern. vgl. M. III, 31. Bei graunten und counceilen liesse sich ja allenfalls der Inf. auch als Optativ fassen indessen bei den übrigen ist eine solche Auffassung ausgeschlossen. Auch bei graunt wäre die Annahme eines Opt. sehr hart; da im weiteren Verlauf des Satzes der Inf. mit to steht: God graunte knyghtes rubbe awey the ruste Of covetise, Yf it her herte cankir; And graunte hem to picche in suffisaunce an aukir. Auch bei Ch. haben reden und counceilen je einmal den reinen Inf. E. p. 238. Wir sind daher wohl berechtigt auch bei O. in den fragl. Belegen den reinen Inf. anzunehmen. M.s Ausspruch am a. a. O. muss also dahin geändert werden, dass bei den fragl. Verben in der Regel der Inf. mit to, seltener der reine Inf. steht. Für das Angels. scheint seine Bemerkung volle Gültigkeit zu haben, allein im Altengl. geriet durch normannisch-franz. Einfluss der Gebrauch ins Schwanken. Vgl. Mfranz. (on) conseillait tirer l'aube de jour le chemin de Bourgogne Com. 1, 4. La miendre charque il aient c'est de cheval, et la mettent gesir en souciz et sechier après. Ioinv. 487 e. vgl. Haase p. 107. E. p. 255. Über den Inf. mit for to ist schon oben das Nötige gesagt worden. Eine Erwähnung verdient noch help, für das E. p. 234 einen Beleg mit dem reinen Inf. giebt, in welchem der Subj.-acc. ausgelassen ist. Sonst gebraucht Ch., — was hätte erwähnt werden müssen —, den praep. Inf., sowohl wenn der Subj.-acc. ausgedrückt, als auch wenn er zu ergänzen ist. his frendes for to preye On Theseus to helpe him to werreye The Knightes T. 625 f. Everych of hem help for to armen other. ib. 793. Allas! who shal me helpe to endyte False fortune, and poison to despyse? The Monkes T. 3858.

B. Als Subjekt.

Dass in der nunmehr zu besprechenden Konstr. der betreffende Casus nicht der Nom. oder Dativ, sondern der Acc., ist nach meiner Überzeugung von E. p. 247 unumstösslich nachgewiesen. Ich beschränke mich deshalb darauf die fragl. Belege aus O. einfach anzuführen, ohne zu versuchen E.s Ansicht noch weiter zu begründen. Jeder, der E.s Abhandlung kennt, wird schon selbst sehen, wie die einzelnen Belege seine Beweisführung stützen. Bei dem als Subj. gebrauchten Acc. c. Inf. steht in der Regel der praep. Inf. (to, seltener for to), doch bietet O. auch einen sicheren Beleg für den reinen Inf. — To trete now purpose I how to a kyng It nedefulle is to do by counseile ay; Withouten whiche goode is hym do no thyng 174. Sämtliche von E. gegebenen Belege sind zweifelhaft, wohl aber bringt M. III, 22 einen Beleg für das Angels. bei. Nichts desto weniger bleibt der reine Inf. in dieser Konstr. ungewöhnlich, er hat auch nie neben dem praep. Fuss fassen können. Im Zeitalter der Elisabeth ist nur der letztere noch belegt. vgl. Krickau p. 44 f. Es folgen nun die Belege bei O.

a. Nach Adjektiven: Nay, sone, it is alle mys, me thynkethe, So poore a wight his lord to counterfete In his aray 16. Good is a man to eschewe suche a pouke 69. Perilous it is a man his feithe to breke 80 it is faire and honorable, a kyng fro moche speche hym refreyne 87. Thought it be leefulle and convenient A wise man for rewarde his rede to telle 98.

O Alisaundre it is uncovenable The for to have the peples regyment 126. Yf the ordre of knyghthode be receyvede, Fulle nedefulle is a man to be prudent. Is (it?) is not likely a kyng for to stonde In his welthe for a litelle resoun 164. Not were it knyghtly me to consente 94. Hym lever was hymself for to dye, And his men leve, than see hem bestadde So streite 142.

b. Nach Substantiven: Nach diesen ist die fragl. Konstr. weit seltener als nach Adj. The werst kynde of wrecchechcesse is A man to have be welfulle or this 3. A noble and glorious signe of mercy is A knyght to spare, whan that he slee may 123.

Nach abverbiellen Redensarten und unpersönlichen Verben findet sich der Acc. c. Inf. bei O. nicht, doch findet er sich noch nach diesen Ausdrücken im Zeitalter der Elisabeth. vgl. Krickau a. a. O. Wenn nun diese Konstr. auch im Neuengl. nicht mehr zur Verwendung kommt, so hat sie sich doch, wie aus Krickaus Untersuchung hervorgeht, länger gehalten als E. p. 252 anzunehmen scheint. Statt des Acc. c. Inf. als Subj. verwendet O. wie andere Schriftsteller zahlreiche andere Konstrr. z. B. And yf a lorde his worde breke, or his othe (= a lorde to breke etc.) For sothe it is a foule spotte in his name 87. than is the best rede (that) A kyng therin delite hym not (= A k. . . to delite) 144. Goode is that age sette (= to sette) in governaile And youthe it sue, thus it may availe 178. And fulle seelde is that yonge folk wise ben = seelde is y. f. to ben wise 6. u. s. w.

## V. Der Inf. bei give und have.

Oft steht bei diesen Verben neben dem Sachobjekt noch ein Inf., der eine an diesem auszuübende Handlung ausdrückt. Es war dies schon im Angels., wie auch in den übrigen indogerm. Sprachen der Fall. vgl. M. III, 32; March §. 453. Es folgen die Belege bei O. — Towe on my dystaf have I for to spynne More, fader myne, than ye wot of yit 45. prynces that han peple for to gye 122. Goode mete and drynke and clothes for to were He hade 155. No richer am I than thow maist see, Of myne have I no thyng to teke to 43 His armes two han righ enoughe to done, And somwhat more his sleves up to holde 18 lordes han for to done so muche for hem self 65. Yf a disceyvour yeve a man to souke wordes plesaunt in hony al bewrappede 69. Auch ohne Objektskasus kommt der Inf. bei give und have vor, obwohl sich bei O. nur für have ein Beleg findet. Have hat alsdann die Bedeutung von müssen: and yf we have for to sue to the kyng 55. Belege für give bei M. III, 32. E. 236 f. Auffallend ist das häufige Vorkommen des Inf. mit for to nach have, da man ursprünglich nur den Inf. mit to gebrauchte, wenigstens geben weder M. noch E. einen Beleg für for to; es ist mir auch sonst nicht gelungen einen solchen zu finden. Indessen ist doch der ursprünglichen Bedeutung von for to gemäss der Inf. mit for to nach have vollständig an seiner Stelle. In den von E. beigebrachten Belegen steht auch der reine Inf., der sich nach M. III, 32 auch im Angels. findet. In allen diesen Fällen fehlt der Objektskasus. Einen Beleg für den reinen Inf. neben dem Objektsk. habe ich nicht finden können. E. führt aus Ch. überhaupt keinen Beleg an, in dem neben dem Inf. noch der Objektsk. steht. Dies scheint eine Eigentümlichkeit Ch.s zu sein, da auch M. keinen Beleg für das Vorkommen des Objektsk. neben dem Inf. giebt, und auch mir es nicht gelungen ist einen solchen zu finden. Wenn aber E. p. 257 angiebt dass sich have nur einmal in der fragl. Konstr. fände, so ist er im Irrtum. Vgl. Al have I nought to doone in this matere More than another man hath in this place The Clerkes T. 99 f. I have, .., a large feeld to ere Knightes T. 28. I wol not han to do of such matere The Nonne Prestes T. 430. Der Inf. neben dem Objektsk. ist wohl mit M. III, 53, wie das Angels. zeigt, richtig als Gerundium zu fassen; fehlt indessen der Objektsk., so ist die Auffassung als Gerund. auszuschliessen, da sonst niemals der reine Inf. stehen dürfte, was doch schon im Angels. der Fall ist. vgl. E. p. 237. M. III, 32, March § 453, Köhler p. 43. Nach give kennt M. den reinen Inf. überhaupt nicht. Im Angels. wurde haebbe, wenn auch selten, zur Wiedergabe des lat. (periphrastischen) Futurums gebraucht: þone calic þe ic tó drincenne haebbe,

North. done ic drincca uuillo, the cup that I have to (= shall) drink of. Lat. bibiturus sum (Math. XX, 22). So auch im Got., und Franz., wo habeo (ai) stets zur Bildung des Futurums dient und zu einer blossen Flexionsform abgeschwächt ist. Ch. und O. bieten nichts Analoges, Wycliffe nimmt to be mit dem Inf. z. B. he .. is to techynge hethen men, est docturus gentes John 7, 35.

## VI. Der Inf. bei passiven Verben.

Bei Ch. (E. p. 257) findet sich der Acc. c. Inf. zuweilen bei passiven Verben z. B. It sholde nought be suffrede me to erre IV, 322. Ein solche Konstr. ist bei O. nicht belegt. M. kennt die fragl. Konstr. überhaupt nicht. Hierdurch gewinnt E.s Ansicht, dass diese Konstr. nicht beliebt gewesen sei, an Gewissheit, doch ist auf der anderen Seite die Umwandlung in die persönliche Konstr. = I should not be suffered to erre, die nach E. die unpersönliche ersetzen haben soll, auch nicht häufig, bei weitem nicht so häufig wie im Neuengl., obwohl sich Spuren dieser Konstr. bereits im Angels. finden: waes gesewen blôd weallan = blood was seen to spring from the ground Chr. 1100. (March § 449) Man beachte den reinen Inf. Ein anderes von March a. a. O. und auch von M. III, 35 gegebenes Beispiel für den Inf. mit tô passt nicht recht wegen der Veränderung des Subj. des Inf. Hara an swyn synd forbodene äthrinenne, hares and swine are forbidden to touch, Brit. 11, 6—8. Man müsste sonst tô äthrinenne als im pass. Sinne (to be touched) gebraucht fassen. Etwas der unpersönlichen Konstr. bei Ch. Ähnliches findet sich noch im Neuengl., es folgt aber hier der Nom. c. Inf. Latham, The Engl. Lang. p. 603 bildet folgenden Satz: it is believed to be he who spoke, und fügt ausdrücklich hinzu, dass es falsch sei, zu sagen: it is belived to be him. Einen anderweitigen Beleg aber für diese Konstr. im Neuengl. zu finden ist mir nicht gelungen. Die Gramm., so weit ich sie eingesehen, bieten nichts. Es folgen nun die wenigen Belege für die persönliche Konstr., die O. bietet: Ofte in bataile hathe be seen or this A side suffrede to have discofiture, Whiche an unwyse hede gyed hathe amys 143. He of justice is bounden hem to were, And defende 92. By othe to kepe it bounden is the powere Of kyng 100. I am wel holden to do so 118. How yow to love it (etc. myne hertes wille) sterede is and mevede 158. golde is lette to go on hir message 147. Partie is made to venge her cruelle ire 100. In allen Belegen steht schon der Inf. mit to wie im Neuengl.; nur eine Ausnahme habe ich gefunden: This golde was not suffrede slepe 155. Suffer schliesst sich hier an die im Altengl. öfter mit reinem Inf. vorkommenden Verben do und make an. Bei make hat noch Butler, Hud., The Lady's Answ. 165 den reinen Inf. And when their crimes were made appear. vgl. M. III, 35. Bei Ch. ist die persönliche Konstr. verhältnissmässig noch seltener als bei O.

vgl. E. p. 257, doch sind den hier beigebrachten Belegen noch einige
beizufügen. His visage that oughte be desirede to be say (seen?)
of al mankynde C. T. p. 190 I. This knight was bode appiere C.
T. 6612, wo der reine Inf. wie auch sonst zuweilen im Altengl. sich
findet. This child I am comanded for to take The Clerkes T. 533.
Dieses der einzige mir bekannte Beleg mit for to. Der Inf. mit to
wurde bald zur Regel auch bei den Verben, die sonst den reinen Inf.
zu sich nehmen. Verba, die ein praep. Objekt zu sich nehmen, wie
urge on, prevail upon u. a. m. habe ich bei O. noch nicht in der
Inf.-Konstr. belegt gefunden; der Inf. nach solchen Verben gehört
einer späteren Zeit. Übrigens ist die Inf.-Konstr. nach diesen Verben in keiner Gramm. erwähnt worden.

## VII. Der Inf. in Verbindung mit dem Verb to be.

Seit ältester Zeit steht bei diesem an sich unvollständigen Praedikatsverb der Inf. mit to, gewissermassen im Sinne eines Part. Fut.
Im Neuengl. entspricht in der Regel der Inf. Act. dem Fut. Act. und
der Inf. Pass. dem Fut. Pass., je nachdem die Handlung durch das
Subj. oder an dem Subj. vollzogen wird. Lat. die Conj. periphr. aut
— rus oder — dus. Im Angels. war der Inf. Pass. überhaupt nicht
im Gebrauch, und erst im Altengl. kommt er ganz vereinzelt vor.
vgl. M. III, 36. Bei O. ist nur der Inf. Act. belegt, der aber sehr
oft die Funktion des Inf. Pass. hat. Is such aray to preise? 16. Certes to blame ben the lordes grete 16. The two condicions ben to
repreve 47. Yit not only to preise is this M. for trouthe 83. It is
to leeve and deeme, yf an kyng shyne In vertu, that his sone shalle
sue And to his faders maners enclyne 121. She hyely was to preise
and to comende 135. for alle sothes ben not to sey 136. For alle
that ever tho Epistles ment, To sette was this worthy conqueror in
reule, how to sustene his honour 74. Who so that in hy dignitee is
sette, And may do grevous wrong and crueltee, Yf he forbere, to
commende is bette, And greter shalle his mede and merite be,
Than .. 120. Auch der Inf. mit for to findet sich, obwohl recht
selten: Thoughe alle the worlde sterve shulde on a day, For lakke
of goode not were it for to done 161. To teche his brother what
thyng is for to do 90. Die von Wycliffe hier im futuralen Sinne an-
gewandte und äusserlich dem Gerundium entsprechende Form: He
was to deyinge Lucas 7, 2 vgl. Blume S. 18 ff. E. p. 242 kommt
bei O. ebensowenig wie bei Ch. vor. Hierher gehört auch die Redensart: that is to say 103 vgl. 105, 124 u. s. w. Auch diese Redensart findet sich schon vor O. ist aber nach M. nicht als Nachbildung
des franz. c'est à dire anzusehen. Die Redensart to be about ist bei
O. nicht belegt, obwohl sie sich schon im Altengl. vereinzelt findet
neben dem gewöhnlichen to be umben (ymbe), das aber bei O. ebenfalls nicht belegt ist. Verkürzte Wendungen wie time to come, die

(E. p. 241; M. III, 45 ff.) bei Ch. und auch sonst im Altengl. vorkommen, hat O. ebenfalls nicht.

## VIII. Der Inf. bezeichnet den Zweck.

a) bei den Verben der Bewegung. vgl. p. 14.

b) bei den Verben der Ruhe und des Verweilens. O. bietet keinen Beleg, obwohl sonst im Altengl. sowohl der reine wie der praep. Inf. sich findet. vgl. M. III, 19, 38.

c) bei intrans. Verben, die eine Geneigtheit, Brauchbarkeit, Befähigung und Tendenz bezeichnen, wie incline, tend, serve, prepare, strive, struggle, itch u. s. w. steht im Neuengl. der Inf. mit to zur Bezeichnung des Zweckes. Bei O. ist keins dieser Verben mit dem Inf. verbunden, dagegen finden sich bei ihm eine Anzahl reflexiver Verben, wie shapen, casten, bisien, speeden, bei denen der Inf. den Zweck bezeichnet. vgl. III 2 a und III 1 b. Im Neuengl. sind diese reflexiven Verben durch intransitive ersetzt worden. Im Alt.- und Mittelengl. ist der Inf. des Zwecks bei diesen intrans. Verben wenig oder gar nicht im Gebrauch. E. giebt aus Ch. keinen einzigen Beleg.

d) der Inf. vertritt einen Finalsatz. Nur der Inf. mit to und for to belegt. Inf. und Praedikatsverb haben in der Regel dasselbe Subjekt: The sacrement he lete fette this wrecche to converte, And make our feithe to synken in his herte 12. Barres and lokkes stronge for to have, His goode from theves for to kepe and save 40. He openethe to see 40. vgl. 2, 20, 27, 56, 67, 75, 78, 88, 92, 93, 94, ib. 102, 107, 108, 109, ib. 110, 118, ib. 120, 135, 153, 174, 109, 117, 124, 151. Zuweilen ist aber auch das Subj. des Inf. verschieden von dem des Praedikatsv., doch kommt dann das Subj. des Inf. in einem Worte im Hauptsatze vor. But they receyve eke provocatives To engendre hem luste 58, wo man aber auch they als Subj. zu engendre fassen könnte: alle there hope was goode bagges, therynne for to grope 155. Das Subj. kann auch unbestimmt sein und ist dann aus dem Zusammenhang zu ergänzen: Thus was it done to bring in memorie, That he was but a man corruptible 103. Is there no lawe this to remedie 101. Im folgenden Satze schliesst sich der Inf. an ein Part. Perf. an: he no goode hathe hym lefte to bey withe an hoode 16. Interessant ist die folgende Stelle: alle this did he hir hertes to remeeve From hym, and hem unclenesse to eschewe 134. Wir haben in den Worten: and hem etc. einen Acc. c. Inf. im Sinne eines Finalsatzes. Auffallend ist der Acc. hem. Ch. hat in solchen Fällen immer den Nom. mit Inf., so dass E. p. 82 M.s Ansicht, dass in dem folgenden Satze whi schope thou me to wrother-hele To be thus togged and totoren and othere to haven al mi wele M. Sprachpr. I, p. 103. der Acc. c. Inf. mit finaler Bedeutung vorliege, für falsch erklärt, da aus den aus Ch. beigebrachten Belegen hervorgehe, dass othere als Nom. zu fassen sei. Wie aber der oben aus O. angeführte Beleg zeigt, ist M.s Auffassung mindestens ebenfalls zulässig.

## IX. Der Inf. bezeichnet das Motiv einer Handlung.

O. bietet Belege nur für Verba, die einen Affekt bezeichnen, während im Neuengl. auch bei anderen Verben der Inf. das Motiv bezeichnen kann. Nur der Inf. mit to belegt: The more grucchen they the coste to bere 159. Only to gadre and kepe he hym delitethe 166. And yit myne hert stuffed is withe wo, To see thyne unkyndely disseveraunce 190.
Mit diesem Inf. berührt sich der Inf. in den folgenden Sätzen: His armes two han righ ynough to done, And somewhat more, his sleves up to halde = by (in) holding up. 18 What profite fyndest thou to mourne so? = in (by) mourning so 9. How shulde I be merrier be? not wote I how, Than withe you for to be coutynuelle (by being) 154. Auch hier giebt der Inf. den Grund an.
Der Inf. in consecutivem Sinne ohne voraufgehendes so, wie er sich bei Ch. (E. p. 241) findet, ist mir bei O. nicht aufgestossen; dagegen findet sich, wie bei Ch., der Inf. in concessivem Sinne, um die Strafe auszudrücken, trotz der eine Handlung vor sich geht: But tho that welthy men han be biforne And vertuous ben, and han her goode lost, And kan not begge to be dede therefore, On hem fulle wele bystowede is the cost 168. Darüber, wie der Inf. nach und nach concessive Bedeutung annehmen konnte, vgl. E. p. 242.

## X. Der Inf. steht abhängig von Adj.

1. Bei Adj. welche eine Bereitschaft, Thätigkeit, Angemessenheit, Bestimmung, Gewöhnung zu etwas, oder das Streben nach etwas ausdrücken. Nur der Inf. mit to und for to belegt: Thoughe they be al to yonge and tendir of age Nowher ny ripe to go to bedde 59. Whas vertu I am insufficient For to discrive 71. Symple is my gost and scarce my lettrure Unto your excellence for to write Myne inwarde lowe 75. They ben goode to drive forthe the nyght 77. When they han chosen her hede and pastour, whiche as hem thynkethe sufficient at alle Hem for to reule and be her governour 105. Yf . . the men (be) able suche charge to receyve 106, vgl. 146, 164. What he comaundethe they ben obidient To do 110. Thynkyng that she was of beautee able The worthiest of life for to queeme 132. Of force of men eke they ben impotent To venquysshe hym 145. Alle the world hade not be suffisaunt To have receyved so large a geaunt 145. Auffallend ist hier der Inf. Perf., den ich sonst nirgends bei dieser Klasse von Adj. gefunden habe. Yong men strong ben, hardy and balde, and more weldy to fight 178. And this considerede ought hym be penyble His reaume wele to governe and gye 103. Tranquilitee, thou reve ire bir lyfe, That fervent is and leef to debate 194. As hardy dethe is you to assaile as he did Alisaundre 192. Alle this worlde yisterday was not ynow To stoppen Alisaundres covetise 192.

In the longe yere ben werkdayes ynow, Yf they be spent wel, for to entende To counceiles 178. Hierher gehört auch like und likely, bei denen sich aus dem Begriff der Gleichheit der der Geneigtheit entwickelt: und good: My future yeres are like to be soure 31. Thow likly art to bere a fonned hede 8. vgl. 45. My wille is goode also to be withe yow 154. Wont ist bei O. nicht belegt, wohl aber bei Ch., nach E. nur mit dem reinen Inf., doch findet sich weit häufiger der Inf. mit to. vgl. The Knightes T. 337, 699, 834. Hieran schliessen sich auch die Part. Perf. im Sinne der oben erwähnten Adj.: it (sc. gost) is fulle appliede To graunte 67. A litelle wiket, that ordeynede was To receyve hem that stoden in dethes cas 108. For yf myne hertes wille wist were and prevede How yow to love it sterede is and mevede, ye shulde know 158. Crist shilde that your wille or your intent Be sette to make a retraccioun Of payment 172. I am wele holden to do so 118. First und last die Neuengl. oft mit dem Inf. verbunden werden (M. III, 41), sind bei O. nicht belegt. Es bleibt noch zu bemerken, dass im Angels. und Altengl. sich zuweilen der reine Inf. findet. vgl. M. III, 41 f. Köhler S. 43.

2. Der Inf. steht abhängig von Adj. wie sicher würdig, und bei solchen, die einen Affekt bezeichnen, gerade wie bei den Verben der Affekte: Yf I sure were of it to be satisfiede 30. The pitous hert of Marcus Marcellus Wel worthy is to be drawen in memory 115. vgl. 118, 119. An allen drei Stellen wie im Neuengl. schon der Inf. Pass., nicht wie im Angels. und Altengl. der Inf. Act. im passiven Sinne. Belege bei M. III, 42 f. to do so efte be agast 51. he that . . to stynte lothe is 85. vgl. ib. 142, 162. He was so glad to plese hym and content 96. wherfore I am eschu To medle or make a longe sermoun of itte 136. He was in no thyng abasshed ne eschu To sey it was but brede materialle 11. and yf he be dradde To slee the third, than gurd of myne hede 113. Doch auch But I adredde am, that I thus ferre sey ibid. Der reine Inf., der im Angels. sehr selten, im Altengl. öfter begegnet (M. III, 42), findet sich bei O. nicht belegt, der Inf. mit for to nur einmal: He was percas adredde for to greve 183. In allen Belegen haben, wie im Neuengl., Inf. und Praedikatsverb. dasselbe Subj., was im Altengl. nicht immer der Fall war. vgl. M. a. a. O.

3. Der Inf. mit to oder for to in der Bedeutung des lat. Supinum auf u, welches zum Teil mit dem von ad begleiteten Gerundium wechseln kann, steht bei Adj. wie leicht, schwer, wichtig, notwendig, schön, angenehm u. s. w. und drückt die Thätigkeit aus, rücksichtlich deren einem Gegenstande die bezügliche Eigenschaft zukommt. Thy conceyt holdethe it goode and lisible To done 57. Is none so nedefulle unto your persone To knowe, as that 77. His heir fulle harde were in this lande to fynde 82. Thoughe his aray be faire and fresshe to see 129. Whiche covenable is and convenient Unto a kyng for

to savoure and taste 133. Der Inf. mit for to bei O. nur in diesem Belege. Diese Konstr. ist schon im Angels. belegt und findet sich während der ganzen Periode des Altengl. Vgl. E. p. 243 f.; Flamme p. 53, c; Köhler p. 49 β. M. III, 43 f. Der praep. Inf. ist die Regel, der reine die Ausnahme. Belege für das Angels. bei Koch II, 56, § 76, für das Mittelengl. bei E. p. 239. Der von M. III, 44 angeführte Beleg: Seon vrätlic (Beow. 3304) gehört nicht hierher, wie Köhler nach Heyne p. 44 nachweist. Der Inf. Pass. wie im Neuengl. (M. III, 43) ist bei O. noch nicht belegt. Auch Stellen, in denen wie bei Ch.: He was an sey man to yeve penance II, 8, a fair man to sitten in a yelde halle II, 13 u. a. m. vgl. E. p. 245; das Adj. zugleich das Attribut eines Subst. ist, finden sich nicht bei O., ebenso wenig Sätze wie die folgenden: That has but one hole to sterte to II, 223. Than prayed Scipion telle hym alle The wey to come unto Hevene blysse IV, 53, in denen die Inf. unmittelbar von einem Subst. abhängig sind, eine Konstr. die E. 245 durch die Annahme eines zu ergänzenden Adj. wie good, right, apt, able etc. erklärt. Auch einige andere gramm. schwerfällige Konstrr., wie sie Ch. hat: My righte lady, my savacyoun is in affray, and not to whom to pleyne V, 268, and I ne kan nor may For al this world withinne myn herte fynde To unloven yow a quarter of a day V, 71 kennt O. nicht. Seine Sprache ist eben in vieler Beziehung glatter und regelrechter als die Ch.s. Über die Erklärung der letzten Konstrr. vgl. E. p. 245.

Zuweilen steht der Inf. auch abhängig von einem Subst., in derselben Weise wie bei den oben erwähnten Adj.: O God that verray trouthe art for to see 160. Diese Konstr. scheint aber selten gewesen zu sein; nur E. p. 244 bringt noch einen Beleg aus Ch. bei: His maner was an heven for to see II, 372. Sämtlich von M. III, 47 beigebrachten Belege sind unpassend. Ob hier immer der Inf. mit for to steht, das zu entscheiden, dürften die obigen Belege wohl nicht ausreichen.

## XI. Der Inf. steht abhängig von Subst.

Hier entspricht im Neuengl. in der Regel of oder in mit dem Gerund. oder ebenfalls der Inf. im Sinne des lat. Gerundiums mit ad: Helpe hathe he none To rise 8. for bote fonde I none in myne unresty bedde lenger to lie 5. Hye tyme is to voide and lete hym twynne And walke at large out of thy prisoun 11. He seide a preestes power was as smalle As a rakyers or suche another wight And to make it hade no gretter myght 11. None inclinacioun Have I to laboure 14. Your benevolence .. dothe his .. diligence Me to releeve of myne infirmitee 29. Conceyved have I that thow grete fere hast Of povertee for to falle in the snare 38. Or he come there, he is in poynte to dye 40. the cost may be forborne Cristes hous to repaire or make new 52. And whan thei have the knowleche of resoun, Than may the nothir fynde in her hert To love other 60. Tho thre to eschewe God the graunte grace 61. Now, sone, to remedie this grevaunce kanst thou no weyes fynde in thy wit? 65. To begge shame is myne impediment 65. Thou shalt no cause have more thus to muse 66. His hye prudence hathe insight verray To jugge 69. thow hast no powere His name to slee 71. And to perfourme his ville and his entent I tooke corage 73. that to forswere hym hathe no cause 79. Litelle enchesoun hathe he for to speke 80. vgl. 125, 164. To broke his othe his goste was ay in fere 82. Mynystre hym help is greef to remedie 90. Is there no lawe this to remedie 101. He holdethe the persoun of suffisaunce To have suche cure 105. And on my bak the charge he leide To kepe hem 107. vgl. 133. no fere . . to use 114. cause grete to compleyne 114. vgl. 121. in poynte to be dede 118. Humble to be lete hym sette his entent 129. his disciples for to falle hade suche gastinesse 135. Who so that than shulde yeve hym rede, To loke in a booke of devocioun 139. drede . . for to be repreved 142. No powere . . your hert to myne 145. The comon profite the whiche to lette is ever thy delite 147. And for to gone home they axed of hym leve 153. Avarice is a love immoderate Richesse temporelle for to purchace 161. To take and yeve yiftes hathe he no charge 166. A gentille hert for to begge hathe shame 169. O, take on you the cure, . ., love to enbrace 172. Was never drede yet a goode wardeyne To holde lordshippe in his sikernesse 173. Also ye ben at your owen eleccioun, To do or leve, as your self list 176. God graunte her hye corage not to palle 186. what liste have ye to spille The bloode 193. who yafe the hardynesse Thy wordes to pronounce 195. humble pacience The yevethe hardynesse so to done 195.

In all den obigen Belegen steht der Inf. Praes., nur einmal habe ich den Inf. Perf. gefunden: For to han do it was he in fulle thought 62. Hier gehört die durch den Inf. ausgedrückte Thätigkeit bereits der Vergangenheit an, während sonst der Inf. eine noch in der Zukunft liegende Handlung ausdrückt. Das Perf. ist dadurch zu erklären, dass die Worte he was in fulle thought als Verb. des Denkens, bei denen der Inf. Perf. sich öfter und wohl auch zuerst findet (vgl. p. 15) aufzufassen und als gleichwertig mit he thought zu fassen sind. Einen weiteren Beleg für den Inf. abhängig von Subst. habe ich nicht finden können. Für das Neuengl. giebt M. einen einzigen für wish. vgl. III, 65. Nähere Beobachtungen sind hierüber bisher nicht angestellt. Überhaupt braucht O. ausser bei Hülfsverben den Inf. Perf. sehr selten; nur sechs Belege sind zu finden. vgl. oben III, 1; 15 c, 1, $\alpha$; VI; X, 1; XI. Ein anderer bisher nicht belegter Fall ist der folgende: And graunte (sc. Almyghty God) graunte grace that day me to see, that I somwhat may quyte your goodnesse 72. Man könnte me allenfalls als Dativ fassen, indessen wäre doch die Voranstellung von that day sehr auffallend; man wird wohl richtiger thun, wenn man me als Acc. fasst, der hinzugefügt ist, um das Subj. des Inf. klar auszudrücken. O. hat wohl bei der Niederschrift das einfache graunte (ohne grace) vorgeschwebt. In diesem Falle wäre die Verbindung von me to see ganz gewöhnlich. Auffallend bleibt die Stelle immer, da etwas Analoges bisher nicht beigebracht ist. E. p. 246 giebt aus Ch. einige Belege, in denen dem Inf. noch ein of vorhergeht. Bei O. ist nichts Dergleichen zu finden. Im Altengl. begegnet zuweilen der reine Inf. (M. III, 46), ebenso bei Ch. vgl. E. p. 240, der die bei O. nicht belegte Redensart leeve han mit dem reinen Inf. anführt. Das Angels. (Köhler p. 47) kennt den reinen Inf. nicht, ebensowenig das Althochd. (Erdm. I, 213), dagegen findet er sich im Altnd. (Steig p. 344) und auch im Got., obwohl A. Köhler p. 459 hier den reinen Inf. nicht kennt. vgl. M. III, 45. Aus O. könnte nur folgende Stelle einen Beleg für den reinen Inf. abgeben: My sone, haste thou goode luste thy sorwe drye And mayst releeved be? 6. drye könnte als trans. Verb. aufgefasst und als Inf. angesehen werden, indessen wird es besser als intrans. und die Form als Opt. zu betrachten sein: (that) thy sorwe drye. Die Auffassung als reiner Inf. scheint mir darum wenig zulässig, weil der reine Inf. so wenig belegt ist, und obendrein der von M. für das Altengl. angeführte Beleg eine andere Auffassung zulässt: That oughthe be god skill maken us alle tame Wright, Polit. S. p. 342. That kann gramm. und maken logisches Subjekt sein. Was die Verwendung von to und for to betrifft, so überwiegt to bei weitem.

## XII. Der Inf. nach einem von too oder so begleiteten Adj. zum Ausdruck des Ergebnisses bezw. der Folge der durch das Regens ausgedrückten Thätigkeit oder Zuständlichkeit.

I was never so aventrous renoune to wynne 43. Ye, fader myne, I am not so parfite, To take it so 44. They were not so nyce ne so madde To hem to assente 106. That for none ire he never be so hote Blode of men to shede 112. That .. None be so hardy the women to oppresse, Ne touche hem by wey of unclennesse 133. Wommen I trowe ben not now so madde That style to forgo 186. Sixe mark yerely to skars is to sustene The charges that I have 44 this londe is alle to scars and lyte, To fynde one that so justly wolde hym quyte 100. to feble is my witte To expresse it 136. In allen Belegen steht der Inf. mit to und zwar ohne das im Neuengl. als Korrelat von so hinzutretende as, wie denn as als Korrelat von so vor dem Inf. im Altengl. überhaupt nicht gebräuchlich war. vgl. M. III, 18. Der Inf. selbst war selten in dieser Verbindung. M. führt nur wenige Belege an. E. p. 244 giebt aus Ch. nur zwei Belege für den Inf. nach to, für die von as und so begleitenden Adj. fand er keine Belege. Dennoch giebt es deren für so. Er selbst führt sogar einen solchen an, obwohl an einer anderen Stelle (p. 237): men wiste never wommen han the care Ne was so loth out of a town to fare V 2. Ich selbst fand, ohne sorgfältig danach zu suchen, folgenden: Ne (sc. he) was so worldly to have office. Prol. 292. Auch nach such, was E. ebenfalls nicht erwähnt, gebraucht Ch. den Inf. zur Bezeichnung der Folge: But of his craft to rekne wel his tydes,.., Ther was non such from Hulle to Cartage. Ib. 401 ff. Wenn bei O. das Korrelat as hinzutritt, so steht, wie wohl auch gelegentlich im frühern Neuengl. (vgl. M. III, 17 f.) der reine Inf. Is none so good as lete us mollifie Our hertes, and stonde to his gentrie, And of his pees requyre hym and pray 95. Der reine Inf. ohne das Korrelat as, wie er sich zuweilen im Altengl. (M. III, 18) findet, ist bei O. nicht mehr belegt, für den Inf. mit for to bietet O. ebenfalls keinen Beleg mehr. Übrigens findet sich der Inf. mit to, was hier gelegentlich erwähnt werden mag, nicht nur nach so in Verbindung mit Adj., sondern auch nach so bei Verben: Let no favour ne none affeccioun So meeve your wise circumspeccioun, To lette hem of her hawfulle libertee 104. Im Neuengl. würde noch das Korrelat as erforderlich sein. Bei Ch. hat E. einen solchen Fall überhaupt nicht festgestellt. Im Angels. scheint der Inf. in dieser Verbindung garnicht vorzukommen; wenigstens führen M. und Köhler keine Belege an. Bemerkenswert ist noch folgende Stelle: dethe was to hastyfe To renne on the and reve thy lyfe 75, wo der Inf. statt der Folge auch den Grund (by running) bezw. die Art und Weise (in running) angeben kann. Der Inf. nach as und enough mit einem Adj., so wie nach such, more than ist bei O. nicht belegt.

## XIII. Der praepositionale Inf. in der Verkürzung fragender und relativer Nebensätze.

Im Neuengl. ist der Inf. in dieser Konstr. sehr häufig, im Angels. dagegen überhaupt nicht belegt; überall steht an entsprechender Stelle ein vollständiger Nebensatz. Doch ist dieser Inf. dem älteren Deutschen nicht unbekannt, ebenso sind im Mittellatein jene Verbindungen frühe gebräuchlich. (vgl. M. III 51.) E. erwähnt von diesem Gebrauche des Inf. nichts, wohl aber führt er in einem andern Zusammenhange (p. 245) eine Stelle an, die hierherzuziehen ist. My righte lady, my savacyoun is in affray, and not to whom to pleyne V, 268. Zwei weitere Belege giebt M. a. a. O., denen ich noch hinzufüge: that yaf him wherwith to scoleye Prol. 302. Ohne Zweifel finden sich aber auch bei Ch. noch mehr Belege, da die Konstr. bei O. so häufig ist. Der Gebrauch des fragl. Inf. reicht weit zurück, nicht selten wurde in der frühesten Zeit auch der reine Inf. gebraucht. (M. a. a. O.) Bei O. findet sich nur noch der Inf. mit to, wobei jedoch zu bemerken ist, dass, wenn mehrere Inff. auf einander folgen, immer nur der erste von to begleitet ist. — thus I wist not how to turne 3. no goode hade this worthy man, wherwithe his body in the erthe to bryng 42. To sette was this worthy conquerour in reule, how to sustene his honour 74. wost thou what to do 69. yow to counceile what to done or leve 77. prikles hathe he right none, Wherwithe to stynge or anoye or dere 121. hert voide of ire hathe not wherwithe to sette a tunge afire 125. That he ne wist how to be better at ese 150. Now sithen the wey is open, as ye see, How pees to yete in virtuous maner, . ., Folwethe that way 194. Über die Auffassung des Inf. in verkürzten fragenden und relativen Nebensätzen sind die Grammatiker nicht einig. Am meisten Wahrscheinlichkeit hat, so weit das Englische in Frage kommt, M.s Ansicht, der die Auslassung eines Modalverbs annimmt. Darauf deutet wenigstens das Angels. hin, wo wir, wie oben erwähnt, stets einen vollständigen Satz haben, wie auch das Vorkommen vollständiger Sätze während der ganzen Periode der englischen Sprache. z. B. To teche his brother what thyng is for to do 90. And carest thou how it kept be schalle = how to kepe it? 9. Vgl. M. III, 51.

### XIV. Der elliptische Inf.

1. Reiner Inf. Nur ein Beleg bei O. „I hope I shalle the cure". „Cure, godeman? ye thow art a faire leche" 6 f. In der älteren Sprache war diese Kürze dem Affekte überhaupt fremd. Die Belege dafür sind auch im Mittelengl. noch sehr spärlich; E. und M. führen aus Ch. keinen einzigen Beleg an.

2. Der praep. Inf. The duk comaundede, shortly for to seyne, His hondes hym behynde to be bounde 95. But for to talke forth of contynence . ., who so chaste live shalle Mote scourge his fleschly lust 136. But for to speke of corage of a kyng, He . . 141. Now for to speke or touche of that place, In which . . 185. sothe to telle 154.

Aus den Belegen geht hervor, dass der Inf. mit to bei weitem überwiegt, und dass alle derselben Kategorie angehören, nämlich eine Absicht des Redenden betreffs der Darstellung enthalten. Bei Ch. ist nach E.s Darstellung der Gebrauch derselbe. Belege für den elliptischen Inf. mit to im affektvollen Aufrufe und in der Frage, wie er im Neuengl. vorkommt selbst mit Hinzufügung eines Subjekts (M. III, 52) bietet O. nicht. Dagegen findet sich eine besondere freie Art der Verwendung des Inf. — And for to lade a cart or fille a barwe, To whiche I never used was aforne, My bak unbuxom hathe suche thyng forsworne 36. Man kann den Inf. hier übersetzen durch: was anbetrifft; indessen kann man for to lade auch als Objekt von hathe forsworne ansehen, welches durch suche thyng wegen seiner grossen Entfernung vom verbum regens wieder aufgenommen ist. Der Beleg wäre alsdann unter dem Capitel „Der Inf. als Objekt" zu erwähnen gewesen. Immerhin bleibt der Beleg einzig in seiner Art.

---

Verzeichnis der zu der Arbeit benutzten Litteratur.

E. Mätzner (M.): Englische Grammatik. 2. Aufl. Berlin 1873/75.
Koch: Die Satzlehre der englischen Sprache. Cassel und Göttingen 1865.
Einenkel (E.): Streifzüge d. d. mittelengl. Syntax. Münster i. W. 1887.
Flamme: Syntax d. Blickling Homilies. Diss. Bonn 1885.
A. Köhler: Der synt. Gebr. d. Inf. im Got. Germ. 12, p. 421 ff.
Köhler: Der synt. Gebr. d. Inf. u. Part. im Beówulf. Diss. Münster 1886.
Krikau: Der Acc. c. Inf. im Engl. Diss. Gött. 1877.
Erdmann: Untersuchungen über d. Sprache Otfrieds. I. Teil. Halle 1874.
Steig: Über den Gebrauch des Inf. im Altniederdeutschen. Z. f. d. Phil. Bd. 16, p. 307 ff.

---

Die Citate aus Occleve sind gegeben nach der Ausgabe Wright's für den Roxburghe Club 1859, die aus Chaucer nach der Clarendon-Ausgabe von Morris resp. Skeat.